C.H.BECK WISSEN

Die Kunst des Barock vermag bis heute eine überwältigende Wirkung zu entfalten. Sie hat eine neue Bildsprache erfunden, die in einer bis dahin unbekannten Weise direkt an den Betrachter appellierte, indem sie in dessen Wirklichkeit eindrang. Dieser Band beschreibt die Entwicklung der Architektur und der verschiedenen Bildgattungen, vom Stillleben und der Landschaft über das Porträt und die Genremalerei bis hin zum Historienbild. Dabei erläutert Dietrich Erben auch die kunsttheoretischen und historischen Grundlagen, auf denen die Kunst der Epoche beruhte. Er stellt dar, wie die Künste sich in den Dienst des Staates und der verschiedenen Konfessionen stellten, wie sich aber andererseits die Künstler auch ein erstaunliches Maß an Unabhängigkeit bewahrten und damit erst den Gedanken einer Autonomie der Kunst ermöglichten.

Dietrich Erben ist Professor für Theorie und Geschichte von Architektur, Kunst und Design an der Technischen Universität München. Bei C.H.Beck ist von ihm u.a. erschienen: «Architekturtheorie. Eine Geschichte von der Antike bis zur Gegenwart» (2017).

Dietrich Erben

DIE KUNST DES BAROCK

C.H.Beck

1. Auflage. 2008
2., durchgesehene Auflage. 2019

Mit 43 Abbildungen, davon 14 in Farbe

3., aktualisierte Auflage. 2020
Originalausgabe

www.chbeck.de
Satz: Fotosatz Amann, Memmingen
Druck und Bindung: Druckerei C.H.Beck, Nördlingen
Reihengestaltung Umschlag: Uwe Göbel (Original 1995, mit Logo),
Marion Blomeyer (Überarbeitung 2018)
Umschlagabbildung: Diego Velázquez, *Las Meninas*, 1656.
Madrid, Museo del Prado.
Printed in Germany
ISBN 978 3 406 75490 6

myclimate
klimaneutral produziert
www.chbeck.de/nachhaltig

Inhalt

I. Die Erfindung einer Epoche

Der Zwiespalt eines Begriffs

Den Zeitgenossen des 17. und des frühen 18. Jahrhunderts wäre es nicht in den Sinn gekommen, vom «Barock» zu reden. Die Namen, die sie der Kultur ihrer Zeit gaben, und die Art und Weise, wie sie diese charakterisierten, haben auf den ersten Blick wenig mit der künstlerischen Prosperität und mit den überwältigenden Produktivkräften zu tun, die man heute mit der Epoche assoziiert. Sie verweisen ganz im Gegenteil auf deren zerstörerisches Potential. Im Zeitalter der Türkenkriege, des Dreißigjährigen Krieges, des Spanischen Erbfolgekrieges und nicht zuletzt der zahllosen Bürgerkriege und Revolten war die Rede vom «eisernen Jahrhundert» oder vom «martialischen Saeculum». Der geschichtliche Schauplatz der Ägide des Kriegsgottes Mars war das «Theatrum Europaeum». So verkündet es der Titel einer Chronik, die von dem Frankfurter Kupferstecher Matthäus Merian seit 1635 in voluminösen Bänden veröffentlicht wurde und über ein ganzes Jahrhundert hinweg, bis 1738, erschien (Abb. 1).

In der Symbol- und Figurenwelt des Titelblattes ist der Begriff von Europa bildlich entfaltet. Drei Frauen huldigen auf einer steilen Treppe als Personifikationen ferner Erdteile der thronenden Gestalt der Europa. Der Globus, der in den Wolken darüber balanciert und auf dem der europäische Kontinent vom strahlenden Auge Gottes in Licht getaucht ist, verdeutlicht ebenso wie die Huldigungsszene, dass die Welt durch die europäischen Entdeckungen größer geworden war. Die Anordnung der Hauptfiguren lässt indessen keinen Zweifel daran, wem im Konzert der Kontinente der Vorrang gebührte. Die seitlichen Figuren im oberen Bereich des Bildes illustrieren den Krieg als eine Grundbedingung des Zeitalters. Die mit Schild und Lanze bewehrte Kriegsgöttin Bellona sitzt auf der rechten Seite, zu ihr

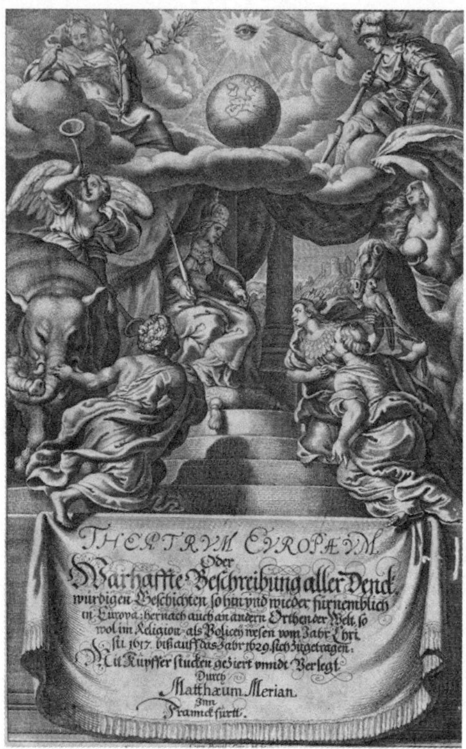

1 Matthäus Merian, Allegorie der Europa. Frontispiz des *Theatrum Europaeum*, 1635.

reckt sich die Personifikation des launischen Schicksals empor, der der strafende Arm mit der Rute zugeordnet ist. Gegenüber blickt Jupiter mit der Siegespalme in der Hand gelassen auf die geflügelte Gestalt, die seinen Ruhm in die Welt hinaus posaunt. Auf Erden galten die Fürsten als Stellvertreter des Göttervaters. Der Ruhm des Herrschers, so will es die Argumentation des Bildes, setzte den Krieg ebenso voraus wie den Frieden.

Man ist auf Anhieb bereit, dem Titelbild Merians das Prädikat «barock» zu verleihen. Dies ist nicht nur mit dem Sinngehalt des Bildes zu begründen, sondern vor allem mit dem bühnenhaften Illusionismus der Komposition und dem beträchtlichen allegorischen Aufgebot. Solche Etikettierungen verdanken sich jedoch einer heutigen Sicht. Der Terminus Barock ist keine aus der Epoche selbst gewonnene Bezeichnung. Er bürgerte sich erst nach dem Ende der Epoche, im ausgehenden 18. Jahrhundert, als eine abwertende Kennzeichnung ein, bevor er sich dann im Verlauf des 19. Jahrhunderts als wissenschaftlicher Epochenbegriff etablierte. Sein Gebrauch ist deshalb in zweifacher Hinsicht prekär – eben weil er in den zeitgenössischen Quellen als Epochenbezeichnung nicht vorkommt und sich später zunächst als Schimpfwort verbreitete. Für die früheren und nachfolgenden Abschnitte der Frühen Neuzeit gilt dieser negative Befund nicht. Zwar hat sich deren Bezeichnung ebenfalls erst im Historismus durchgesetzt, doch lässt sich bereits in der jeweiligen Zeit selbst eine positive Selbstdeklaration der Epoche ausmachen. In der Renaissance diente dazu die Metapher von der Wiedergeburt der Künste (*rinascita*) und im Manierismus, der um 1600 vom Barock abgelöst wurde, der schillernde Begriff der *maniera*. Auch in der dem Barock folgenden Epoche des Klassizismus und der Aufklärung wurde der Aufgang einer neuen Zeit mit einem selbstgewählten Begriff verheißungsvoll verkündet: Schon von den Vertretern der Aufklärung wurde die Bildungsbewegung ihrer eigenen Zeit als «Aufklärung» bezeichnet.

Die bis heute in einigen Aspekten rätselhafte Etymologie des Wortes «Barock» ist schillernd und vielgestaltig. Es geht wahrscheinlich auf das lateinische Wort für Warze (*verruca*) zurück, das man unter anderem für fehlerhafte Auswüchse an natürlichen Dingen oder handwerklich hergestellten Sachen gebrauchte. Das italienische Substantiv und das gleichlautende Adjektiv *barocco* dürften sich direkt aus der portugiesischen und spanischen Bezeichnung für eine schief geformte Perle oder eine unregelmäßige Edelsteinbildung (*barocco* bzw. *barrueco*) ableiten. Schon im 16. Jahrhundert wurde diese Gegenstandsbezeichnung auf abstrakte Sachverhalte übertragen. Als ein *barocco* galt in der Rhetorik ein skurriler dichterischer Einfall oder eine raffinierte Schlussfolgerung. Seit dem frühen 18. Jahrhundert ist die französische Bezeichnung *baroque* für eine gekrümmte Ornamentform in der Fachsprache der Tischler dokumentiert. Sowohl in der Dichtungstheorie als auch im Kunsthandwerk kündigt sich also ein ästhetischer Sinn des Wortes an, der bis heute verbindlich geblieben ist.

Die Verallgemeinerung zum Stilbegriff und die Verbreitung in den Lexika erfolgten in der zweiten Hälfte des 18. Jahrhunderts. Vorreiter war die Musikliteratur. Der Aufklärer Jean-Jacques Rousseau, der sich als Musikschriftsteller und Komponist dem neuen Stilideal der *simplicité*, der Einfachheit, verschrieben hatte, rubrizierte die Musik der älteren Komponistengenerationen unter dem Sammelnamen der *musique baroque*. Zu definieren vermochte er sie freilich nur unter negativen Vorzeichen. Er attestierte ihr eine verworrene Harmonie, überladene Modulationen und Dissonanzen; ihr Gesang sei hart und unnatürlich, die Verläufe der Melodien seien gezwungen. Ein Hamburger Musikkritiker hatte schon einige Jahrzehnte vor Rousseau im Jahr 1737 ganz in dessen Sinne die Musik von Johann Sebastian Bach kritisiert. Das Wort «barock» war ihm noch nicht zur Hand, also nannte er Bachs Werke «schwülstig» und «verworren», seine Musik «verdunkele ihre Schönheit durch allzugroße Kunst» und «streite wider die Natur».

Es ließ nicht lange auf sich warten, bis man mit diesen Begriffen auch Werken der bildenden Kunst und der Architektur zu Leibe rückte. Berühmt geworden ist die Definition des Kunsttheoretikers Quatremère de Quincy, die sich in einem Architekturlexikon findet, das im Jahr der Französischen Revolution 1789 gedruckt wurde. Für den Verfasser ist der Barock schlicht eine künstlerische Spielart des Abwegigen (*une nuance de bizarre*). Der Barock sei die raffiniert zum Superlativ gesteigerte Form des Bizarren und ein einziger Verstoß gegen alle Regeln des Geschmacks; die Idee des Barock treibe alle Lächerlichkeiten bis zum Exzess.

Im Sinne dieses Barockbegriffes schien die Kunst des Barock sich für die Zeitgenossen Quincys auszuzeichnen durch die Merkmale des Sonderbaren und des Gewählten, des sinnlich Prunkenden auf der einen Seite und des rhetorischen Überschwangs auf der anderen Seite. Die Künstler schienen sich die Lizenz zum Regelverstoß, den Anspruch auf das Ingeniöse und das absichtsvoll Artistische auf die Fahnen geschrieben zu haben. Barock war im Urteil von Kunstliebhabern und Künstlern der nachfolgenden Generation der hässliche Auswuchs an der als vollkommen gedachten Perle der Kunst.

Neobarock im 19. und 20. Jahrhundert

Die positive Umwertung des Barockbegriffs, seine Durchsetzung und seine Popularisierung als Epochenbegriff vollzogen sich in der zweiten Hälfte des 19. Jahrhunderts. Daran war sowohl die sich als akademisches Fach formierende Kunstgeschichte als auch die an der Kunst ihrer eigenen Zeit interessierte Kunstkritik beteiligt. Die Attraktivität des Barockbegriffs beruhte ganz maßgeblich darauf, dass er zwar für die historische Interpretation von Kunst entwickelt wurde, sich dann aber auch als tauglich erwies für die Bestimmung des eigenen ästhetischen und gesellschaftlichen Standorts.

Bei Jacob Burckhardt wird erstmals das Bemühen erkennbar, Kunst und Architektur des Barock unter den ihnen eigenen Formprinzipien zu sehen. Die Anstrengung, die dies den Autor kostete, ist in den einschlägigen Passagen seines «Cicerone» (1855) aus jeder Zeile herauszulesen. Burckhardts Ehrenrettung der von ihm nun auch so bezeichneten «Barockkunst» beruht auf dem Grundgedanken, dass der Barock nicht als Bruch mit der Kunst der Renaissance zu verstehen sei, die seit jeher als unüberbietbare Gipfelleistung bewundert worden war, sondern deren eigenständige Umprägung darstelle: «Die Barockkunst spricht dieselbe Sprache wie die Renaissance, aber einen verwilderten Dialekt davon.» Burckhardts Perspektive auf den Barock blieb voller Ambivalenzen; trotzdem hat er sowohl für die vielfältigen Traditionsbindungen der Barockkunst als auch für deren innovative Eigenleistungen die Augen geöffnet.

Die akademische Kunstgeschichte ist nach Burckhardt diesen Weg weitergegangen. Dies gilt insbesondere für seinen Schüler Heinrich Wölfflin, der Burckhardts Kontinuitätsthese folgte, dem Barock aber auch schon eine eigene Physiognomie für die Jahre nach etwa 1580 zusprach. Das Ende der Epoche setzte er um die Mitte des 18. Jahrhunderts mit dem Ende des Rokoko und dem beginnenden Klassizismus an. Damit waren die zeitlichen Grenzen des Barockstils in einer Weise bestimmt, über die bis heute weitgehend Konsens besteht. Die stilistische Eigenart des Barock entfaltete Wölfflin aus einem einzigen Begriff, dem «Malerischen». Die «malerische Wirkung» ziele auf «die freiere Linie, das belebte Spiel von Licht und Schatten», sie suche den «Reiz in der Bewegung der Massen»; das «Malerische» besitze «keine körperliche Wahrheit», sondern suche «durch den Schein zu wirken». In Wölfflins Habilitationsschrift über «Renaissance und Barock» (1888) wird im Kern jener Illusionismus entwickelt, der sich für das Verständnis des Barock als äußerst folgenreich erweisen sollte.

Das von Burckhardt, Wölfflin und anderen Gelehrten ausgearbeitete Verständnis des Barock wäre wohl kaum über die akademischen Kreise hinaus an die Öffentlichkeit gelangt, wenn es nicht mit aktuellen gesellschaftlichen Entwicklungen zusammengefallen wäre. Um die Mitte des 19. Jahrhunderts wurde der Neobarock als Baustil inauguriert. Den Startschuss gab der Pariser Louvre, der im Zuge der Französischen Revolution dem König enteignet und 1793 als Museum eröffnet worden war. Seit 1852 war die Anlage durch kolossale Flügelbauten erweitert worden, die den barocken Altbaubestand der Cour Carrée in freier, neobarocker Manier wiederholten. Bauherr war Napoleon III., der die Republik durch einen Staatsstreich zerschlagen hatte und nun als neuer Kaiser in den Erweiterungsbauten seine Residenz bezog. Der Louvre wurde für die zweite Hälfte des 19. Jahrhunderts zum Exempel moderner Staatsbaukunst. Das Deutsche Kaiserreich und die K. u. K. Doppelmonarchie wollten hinter dem zweiten *Empire* nicht zurückstehen, so dass auch in Berlin und Wien monumentale neobarocke Bauten für die staatliche, kirchliche und kulturelle Repräsentation geplant wurden.

Die fern gerückte Barockzeit war für eine Gesellschaft an der Schwelle zur Moderne ein Spiegel, in dem sie nicht zuletzt die eigene mentalitätsgeschichtliche Situation wiederzuerkennen meinte. Mochte der Barock für die Staatsrepräsentation als

Fundus von Formen dienen, die Herrschaft visualisieren konnten, so sah eine skeptisch gestimmte Kulturkritik im Barockzeitalter doch auch die Vorzeichen für das Krisenbewusstsein hochindustrialisierter Massengesellschaften. Man nimmt mit Verblüffung zur Kenntnis, in welchem Ausmaß um 1900 das Vokabular, mit dem die historische Epoche und die damalige Gegenwart diagnostiziert wurde, ein und dasselbe ist. Heinrich Wölfflin behauptet, dass für die Architektur des Barock das Komponieren von «Masseneffekten» wesentlich sei, die beim Betrachter die «Intimität des Nachlebens» verhindern. Er sieht darin explizit eine Verwandtschaft zur eigenen Zeit und in Richard Wagner denjenigen Künstler, der in barocker Weise auf die Affektüberwältigung hingearbeitet habe. Gleichzeitig analysierte Cornelius Gurlitt in seinem dreibändigen architekturgeschichtlichen Grundlagenwerk zur «Geschichte des Barockstiles» (1887–1889) die Baukunst im päpstlichen Rom als Instrument der «Agitation», die nicht mehr auf die Bedürfnisse des «einzelnen Bürgers» Rücksicht nehme, sondern auf die Vereinnahmung der «Massen der bekehrten Volksteile» ziele.

Schlagartig enthüllt auch das Wort von der «Nervosität» die mentalen Affinitäten, die die Zeitgenossen zwischen der Barock- und der Gründerzeitära zu erkennen meinten. In den drei Jahrzehnten vor dem Ersten Weltkrieg wurden Nervenschwäche, gesteigerte Reizbarkeit und krankhafte Sensibilität als Grundübel diagnostiziert. Ob faktische Krankheit oder Hypochondrie, für die Nervenschwäche wurden nahezu alle Errungenschaften der technisierten Welt verantwortlich gemacht. Gleichzeitig machte Wölfflin den «Zustand der Erregung» als Hauptabsicht der Barockkunst aus und stellte unumwunden fest: «Die Hauptbarockkünstler litten alle an Nervosität.»

Die Erfolgsgeschichte des Barock ist keineswegs geradlinig verlaufen. Anfänglich wurden der Kunst zwischen Manierismus und Klassizismus alle Qualitäten aberkannt, dann wurde allmählich deren besondere Stilprägung erkannt und am Ende anerkannt. Dabei ist es bis heute geblieben. In der Gegenwart finden barocke Kunst und Architektur eine kaum überbietbare Zustimmung und sind Attraktionen für ein breites Publikum.

So wie im Musikrepertoire Monteverdi und Vivaldi, Purcell und Lully, Bach und Händel überall präsent sind, so sind die Werke von Caravaggio und Bernini, Rembrandt und Rubens, Velázquez und Poussin Magneten in den Museen und im Ausstellungsbetrieb. Die europäischen Metropolen, deren Stadtbild von barocken Palästen und Kirchen geprägt wird – wie z. B. Rom, Wien, Prag oder Amsterdam – sind gefragte Ziele des Tourismus.

Seit gut zwei Jahrzehnten ist auch in der aktuellen Architektur, den visuellen Künsten und der Kulturkritik eine Berufung auf den Barock zu erkennen. Unter den Vorzeichen der Postmoderne kam es zu einem Revival der Scheinperspektive in der Architektur. Illusionsräume des römischen Hochbarock wurden als Urahnen einer Ästhetik des Virtuellen und der sinnlichen Vereinnahmung entdeckt. In den Raffinessen der Betrachtertäuschung sah man Vorformen der «special effects» von Computerspielen. Solche Schulterschlüsse bezeugen das Bedürfnis der Historisierung gegenwärtiger Kulturphänomene. Für das Verständnis der vergangenen Epoche leisten sie hingegen in der Regel wenig.

Beim folgenden Versuch, einige Entwicklungslinien der Kunst und Architektur vom Beginn des 17. bis zur Mitte des 18. Jahrhunderts zu skizzieren, ist die Frage nach deren geschichtlichem Zeugniswert ins Zentrum gestellt. Es geht mit anderen Worten weniger darum, was an einem Kunstwerk barock ist und ob es den Stil seiner Zeit nun vollgültig oder nur teilweise vertritt. Das Hauptaugenmerk liegt vielmehr auf der Frage, was ein Werk mit den Mitteln der Kunst über die Epoche seiner Entstehung aussagt. Künstler und Architekten reflektieren in Kooperation mit ihren Auftraggebern und ihrem Publikum Problemlagen ihrer Zeit und bringen sie in ihren Werken zur Anschauung. Zum Verständnis dieser Mitteilungen soll nicht nur nach deren künstlerischer Form und nach deren Inhalten gefragt werden, sondern auch nach den Voraussetzungen ihres Zustandekommens. Zu diesen Bedingungen gehören auch Institutionen – der sich formierende moderne Staat, konfessionelle Gruppen und andere Institutionen wie Akademien, die der Bürokratisierung und der Internationalisierung des Kunstgeschehens Vorschub leisteten.

II. Die Tradition und die Anfänge um 1600

Auf den Schultern von Riesen

Bei den Künstlern und Architekten, die an der Wende zum 17. Jahrhundert den neuen Stil schufen, ist keine Euphorie des Aufbruchs zu erkennen. Sie sahen sich als Bewahrer einer Tradition, an der sie sich zwar selbstbewusst maßen, der sie aber nicht zu entkommen suchten. Als Epoche des Neubeginns verstanden sie ebenso wie die vorangegangenen Künstlergenerationen die schon länger zurückliegenden Anfänge der Renaissance. Die *rinascita*, die Wiedergeburt, der Künste war von Giorgio Vasari in seinen einflussreichen Künstlerviten, die zuerst 1550 und mit Erweiterungen 1568 erschienen, sanktioniert worden. Nach seiner Geschichtskonstruktion erfolgte diese Wiedergeburt in mehreren Phasen, bis sie sich nach 1500 selbst vollendete. Durch die Schöpfungen Michelangelos, so Vasari, erfuhr das neue Kunstideal eine nicht zu übertreffende Erfüllung.

Vasaris Wertmaßstäbe und das von ihm entworfene historische Ordnungsprinzip blieben in der Folgezeit lange gültig. Jede Neuerung in den Künsten war dem Gedanken der Kontinuität, der Nachahmung älterer und aktueller Kunst (*imitatio*), wie auch der Idee konkurrierender Überbietung des Früheren und des Modernen (*aemulatio*) verpflichtet. Gegenüber den Künstlern und Architekten wurde dieser Anspruch in einem geradezu erdrückenden Maß von den Auftraggebern, den Kunstkennern und vom Publikum bekräftigt. Neben die Antike rückte die Kunst des 16. Jahrhunderts als gleichberechtigte Orientierungsinstanz. Die im Kunstwerk nachvollziehbare Auseinandersetzung mit der Kunsttradition konnte nicht nur als Ausweis der Kennerschaft gelten und befriedigte nicht nur das Gefallen an einer anspielungsreichen Kunstsprache. Aus ihr gewann die Barockkunst auch immer wieder ihre eindrucksvolle historische Tiefe.

Man konnte Gianlorenzo Bernini das höchste Lob damit zollen, dass man ihn mit Michelangelo verglich. Sein erster Gönner, der spätere Papst Urban VIII., setzte in ihn die Hoffnung, dass er der «neue Michelangelo seiner Zeit» werde. Von dem Literaten Fulvio Testi wurde Bernini 1633 als «Michelangelo unseres Jahrhunderts» gefeiert, der auch den antiken Bildhauern in der «Exzellenz der Kunst» nicht nachstehe. Bernini selbst hat sich das ihm angetragene Lob zu eigen gemacht. Bei den Malern bezog sich der lobende Vergleich vor allem auf Raffael, Correggio und Tizian. Giovanni Pietro Bellori, der vermutlich einflussreichste Kunsttheoretiker des Barock, hat diese drei Zeitgenossen Michelangelos in einen normativen Rang erhoben. In seinem 1678 erschienenen Vitenwerk würdigt er die Künstler seiner eigenen Zeit durch den Vergleich mit diesem Malertriumvirat der Hochrenaissance. Waren die einem klassischen Stilideal verpflichteten Maler wie Guido Reni oder Domenichino als Meister der «grazia» zu feiern, so war der Vergleich mit Raffael geradezu unausweichlich. Und sollte die Kunst Caravaggios verächtlich gemacht werden, dann spielte man eben die dem Maler attestierte Naturnähe gegen das Schönheitsideal Raffaels aus.

Die schöpferische Aneignung sowohl der italienischen als auch der nördlichen Renaissancetradition zeigt sich im Schaffen von so gegensätzlichen Malern wie Peter Paul Rubens und Nicolas Poussin. Poussin, der aus Frankreich stammte und zeitlebens in Rom tätig war, steuerte zur Erstpublikation der Schriften zur Malerei von Leonardo da Vinci 1651 die Illustrationen bei. Rubens, der wie Poussin Graphiken von Dürer studierte, konnte Einsicht in das Zeichnungsmaterial von Leonardo da Vinci nehmen. Er setzte um 1606 eine Kampfszene aus dessen Fresko der Schlacht von Anghiari in einem Gemälde um, das den bewahrenden Respekt vor dem ein Jahrhundert älteren, damals schon zerstörten Fresko bezeugt und gleichzeitig Leonardos Bildentwurf in eine eigene Bildsprache überträgt. In einer von Rubens selbst erfundenen Landschaft ist die Wucht des Kampfgeschehens der aufeinander zustürmenden Reiter durch die voluminösen Leiber von Menschen und Tieren in eine bedrohliche körperliche Präsenz überführt, in der die späteren Jagdbilder von Rubens vorbereitet sind. Rubens pflegte nach dem Vorbild der Humanisten nicht nur zeitlebens durch Briefe und Reisen einen äußerst intensiven Austausch mit der europäischen Gelehrtenwelt, sondern er trat auch wie die Altertumsforscher in Dialog mit älterer Kunst und Architektur. Als Frucht seines Italienaufenthaltes publizierte er in Antwerpen im Jahr 1622 ein prachtvolles Stichwerk mit den Ansichten und Bauaufnahmen von Genueser Palästen und Villen, die zum Teil schon fast ein Jahrhundert früher errichtet worden waren. Die Renaissancebauten der italienischen Hafenmetropole verstand er als Musterhäuser, zu deren Nachahmung er die patrizischen Bauherren seiner Heimatstadt zu ermutigen hoffte.

Das spannungsreiche Verhältnis von Traditionsbezug und Neuerungswillen wird bei der päpstlichen Basilika von Sankt Peter in Rom wie vielleicht bei keinem anderen Bauwerk des Barock aufrechterhalten und zur Anschauung gebracht. Bei dem größten und berühmtesten Kirchenbau des Barock handelt es sich um die Vollstreckung eines architektonischen Testaments der Renaissance. Zugleich wurde der frühchristliche Vorgängerbau ideell bewahrt. Ein Plan von 1620 veranschaulicht die komplizierte Baugeschichte des Petersdoms in verschiedenen Schichten (Abb. 6, S. 33). Auf dem Blatt ist die fünfschiffige, damals schon zum Abbruch freigegebene Basilika, die Kaiser Konstantin hatte errichten lassen, im blasseren Umriss des Neubaus dunkel hervorgehoben, während die überbordende Beschriftung wie ein Denkmalinventar die Standorte der aus dem Altbau entfernten Altertümer festhält. Die Gestalt des Neubaus war im Kern 1506 von Bramante definiert und in einer langen Kampagne mit Veränderungen realisiert worden. Als 1608 der Grundstein für den Fassadenkorpus gelegt wurde, stellte der Bauherr Papst Paul V. die Zeitgenossen und vor allem die skeptische Baukommission vor die vollendeten Tatsachen seines Bauwillens. Der Fassadenvorbau verlangte nach einem Langhaus, dem die

Reste von Konstantins Basilika zu weichen hatten. Nach dem Entwurf von Carlo Maderno entstand innerhalb von nur vier Jahren eine frühe, aber bereits exemplarisch vollendete Barockfassade, die doch das Erbe des Renaissancebaus treuhänderisch verwaltet (Abb. 8, S. 36). Die Front sollte bei aller angemessenen Monumentalität niedrig genug bleiben, um die Sicht auf die von Michelangelo entworfene Kuppel zu gewährleisten. Im Inneren nimmt der Fassadenvorbau das Kolonnadenmotiv von Michelangelos Kapitolspalast auf. Vom Renaissancebau des Doms wird die Disposition des Aufrisses weitergeführt.

Doch bei allen Vorgaben ist die Fassade nun als plastisch ausgearbeitete Schauwand aufgefasst, die zur Mitte hin effektvoll gestaffelt ist und deren Elemente den Raum des Vorplatzes durch ihre Ausdehnung faktisch und visuell in Anspruch nehmen. Durch das gesteigerte Volumen der Fassade tritt der Kirchenbau in ein verändertes Verhältnis zu seiner Umgebung. Es kündigt sich schon hier eine städtebauliche Konzeption an, die in Berninis ab 1656 geplanten Petersplatzkolonnaden ihre Fortsetzung und Erfüllung fand. Aufgefordert, den Grundgedanken seiner oval ausgreifenden Wandelhallen zu erläutern, beschrieb Bernini sie als die symbolischen, die Gläubigen empfangenden Arme der Mutterkirche, deren Haupt der überkuppelte Chorbezirk darstellte. Mit dieser Auslegung bindet der Architekt seine Platzanlage in all ihrer Originalität an den in der Renaissance entstanden Teil des Petersdoms als das bauliche und geistige Zentrum der Kirche zurück.

Triumph der Stadtplanung in Rom

Dieselbe Idee einer zugleich funktionalen und bedeutungsstiftenden Raumerschließung, die in den barocken Bauprojekten des Vatikan zum Tragen kam, war erstmals in der römischen Stadtplanung des ausgehenden 16. Jahrhunderts formuliert worden. Im kurzen Pontifikat von Papst Sixtus V., zwischen 1585 und 1590, hat man diese Planungen in erstaunlichem Umfang realisiert (Abb. 2, 3). Wie nie zuvor und auch kaum mehr danach wurden in wenigen Jahren die Weichen für die römische

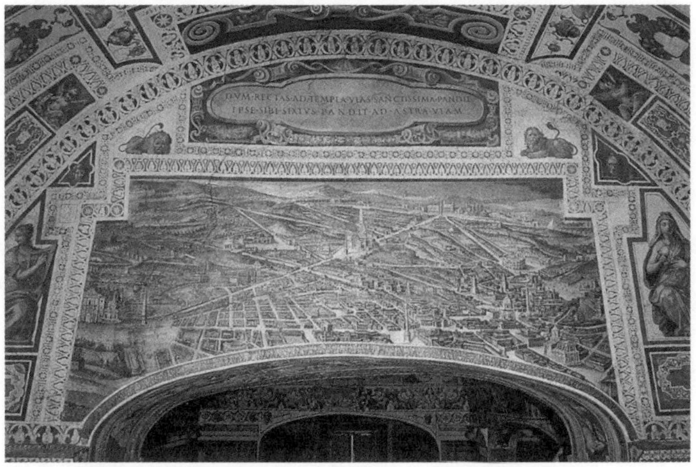

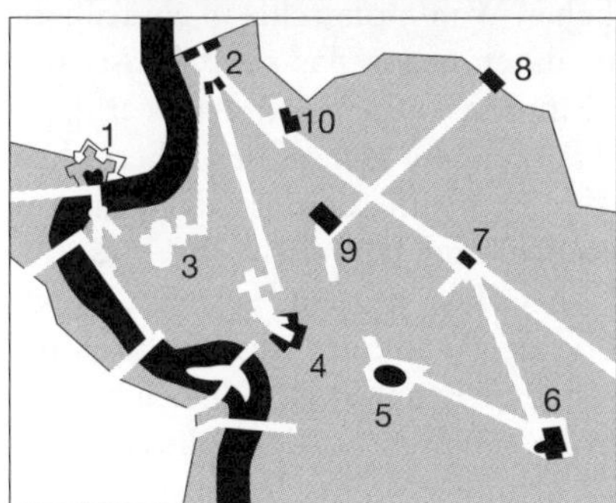

1 Engelsburg
2 Piazza del Popolo
3 Piazza Navona
4 Kapitol
5 Colosseum
6 Lateran
7 S. Maria Maggiore
8 Porta Pia
9 Quirinal
10 Trinità dei Monti

2 Cesare Nebbia, Stadtplanung unter Sixtus V. Fresko im Lateranspalast, um 1590.

3 Schemazeichnung der Stadtplanung unter Sixtus V.

Stadtentwicklung gestellt, die wiederum in vieler Hinsicht ein Pilotprojekt des Barock war. Der planerische Grundgedanke war deshalb so wirkungsvoll, weil er im Grunde recht einfach war: Man legte Straßenachsen als Verbindungen zwischen den Hauptkirchen und anderen städtischen Zentren. Diese Achsen unterwarfen die Stadt einem neuen Ordnungsgefüge, griffen aber zugleich weit über den damaligen Baubestand bis an die nicht mehr bewohnten Bereiche an den antiken Stadtgrenzen hinaus. Wie Leuchttürme dienten antike Obelisken, auf deren Spitze das Kruzifix aufgepflanzt wurde, an den Kreuzungen der Orientierung. Zwar wurden in Rom und andernorts schon früher isolierte Erschließungsachsen geplant, doch war der städtische Platz bei älteren Stadtplanungen immer Ausgangs- und Zielpunkt der Planungen geblieben. Das Sixtinische Straßensystem hingegen verhalf der Verkehrs- und Sichtachse in einem ganz wörtlichen Sinne bei der Systematisierung der Stadt zum Durchbruch.

Die urbanistische Erneuerung Roms wurde von zwei Kräften vorangetrieben, die sich gegenseitig bedingten und für die gesamte Epoche von eminenter Bedeutung geworden sind: der katholischen Reform nach dem Konzil von Trient (1545–1563) und dem Ausbau der päpstlichen Wahlmonarchie in ein frühabsolutistisches Regiment. Aus ihnen bezog das neue Achsensystem auch seine symbolische Einprägsamkeit. Schon das erklärte Ziel, die Infrastruktur der Stadt müsse gemäß der Oberhoheit des Papstes über die Stadt den Bedürfnissen der Pilger, die zur Verehrung der Heiligenreliquien und dem Erwerb eines Ablasses nach Rom strömten, angepasst werden, war eine offensive Antwort auf die Ächtung des Wallfahrtswesens durch die Protestanten. Dass die Pilgerströme in der Stadt zugleich kanalisiert und damit unter Kontrolle gehalten werden sollten, kennzeichnet darüber hinaus das ordnungspolitische Ansinnen des urbanistischen Projektes. Die Umwidmung antiker Denkmäler in christliche Monumente, die im Zuge des Vorhabens bewerkstelligt wurde, sowie die Dimensionen der Planung im Horizont der antiken Metropole machen den imperial-universellen Anspruch des konfessionell und staatlich konsolidierten Papsttums deutlich.

Die unter Sixtus V. eingeleitete und unter seinen Nachfolgern fortgeführte Erneuerung Roms war Vorbild für zahlreiche spätere Stadtplanungen. Hier war ein Vokabular formuliert worden, das zum Grundwortschatz barocker Stadtplanung wurde. Vor allem in den europäischen Residenz- und Hauptstädten dienten regularisierte Platzanlagen, schnurgerade Achsen und bisweilen von Alleen gesäumte Promenaden der Verschönerung der Städte und nicht zuletzt dem reibungslosen Ablauf bei den Zeremonien der fürstlichen Repräsentation. In den Städteerweiterungen und Neugründungen der Epoche wurden der Stadtgestalt mit planerischem Dirigismus das rechtwinklige Raster oder andere geometrische, von Kreis und Dreieck abgeleitete Schemata aufgeprägt.

Der Wirkungsradius barocker Gestaltungsprinzipien, die durch die Anpassung an lokale Gegebenheiten und neue Formelemente modifiziert werden konnten, war enorm. Nach der fast vollständigen Zerstörung Londons durch einen Brand im Jahr 1666 bestimmten diese Prinzipien die von Christopher Wren ausgearbeiteten Wiederaufbaupläne ebenso wie die ersten, 1792 vorgelegten Planungen für die amerikanische Hauptstadt Washington. Der Erfolg der unter Sixtus V. eingeleiteten Stadterneuerung liegt im Modellhaften des Unternehmens selbst begründet. In neuartiger Weise zielte die architektonische Stadtreform gleichermaßen auf die funktionale, semantische und visuelle Durchdringung der Stadt – die Straßenachsen erschließen die Stadt als Bewegungsraum, als Bedeutungsraum und nicht zuletzt als perspektivischen Bildraum.

Appelle an den Betrachter: Bernini, Rubens und die Erfindung einer barocken Bildsprache

Gianlorenzo Bernini schuf seine frühen Statuen nach mythologischen und biblischen Themen innerhalb weniger Jahre nach 1618 für die Familie Borghese. Aus dieser Familie stammte Paul V., also jener Papst, der für die bauliche Vollendung der Peterskirche verantwortlich war. Direkter Auftraggeber Berninis war der Kardinalnepot Scipione Borghese. Dieser fungierte als eine Art Vizekönig des Kirchenstaates und war unter anderem für die Kunstsammlungen zuständig. Die aktive, für den Erfolg des Pontifikats und der Familie entscheidende Rolle des Kardinalnepoten wird in Berninis Statuengruppe des Aeneas, der in der Begleitung seines Sohnes Ascanius seinen Vater Anchises aus dem brennenden Troja heraussträgt, zum Thema gemacht. Während der Vater die Hausgötter in Händen hält und so in seiner priesterlichen Rolle gewürdigt wird, lässt das Motiv des Tragens, das den greisen Vater ganz der Verfügung des resolut ausschreitenden Sohnes unterstellt, keinen Zweifel daran, dass die jüngere Generation die Verantwortung für die Stabilität der päpstlichen Regierung trägt.

Auf nicht weniger spektakuläre Weise verarbeitete Bernini das Tagesgeschäft der päpstlichen Politik auch in der Statue des David (Abb. 4). Das 1623 entstandene Bildnis des alttestamentlichen Helden, der den Riesen Goliath im Kampf besiegte, wurde ebenfalls von Scipione Borghese in Auftrag gegeben. An der am Boden liegenden Leier ragt markant der Adlerkopf über die Fußplatte hinaus. Da der Adler Teil des Borghese-Wappens war, wurde damit die Identifikation des biblischen Heros mit der Person des Auftraggebers klar zum Ausdruck gebracht. Nach der Vollendung des Werkes übereignete Scipione Borghese es in einem Akt sarkastischer Auflehnung unverzüglich den Widersachern aus der Familie der Ludovisi, der der Nachfolger Pauls V. entstammte und die damit die frühere Papstfamilie machtpolitisch in die Schranken verwiesen hatte.

Absicht und Gehalt des Werkes erschöpften sich jedoch nicht in dieser aktuellen, durchaus plakativen Anspielung. Der jugendliche nackte Held hat seine Rüstung abgelegt und fixiert entschlossen den scheinbar übermächtigen Gegner, gegen den er mit der Schleuder zum Wurf ausholt. Die biblische Erzählung wird in einem dramatischen Augenblick am Beginn des Zweikampfes angehalten. Bernini stellt sich damit in deutliche Opposition zur älteren Bildtradition, in der David nach dem Kampf als Triumphator mit dem abgeschlagenen Haupt des Gegners dargestellt wurde oder die ihn – wie Michelangelo mit seiner Florentiner Monumentalstatue – in einer Haltung gelassener Souveränität präsentierte. Berninis Figur ist in ihrer Körperhaltung mit dem extrem gespreizten Ausfallschritt und der gleichzeitigen entgegengesetzten Drehung des Oberkörpers ohne den sogenannten Fechter Borghese nicht denkbar. Diese antike Gladiatorenfigur befand sich seit 1601 in der Sammlung von Berni-

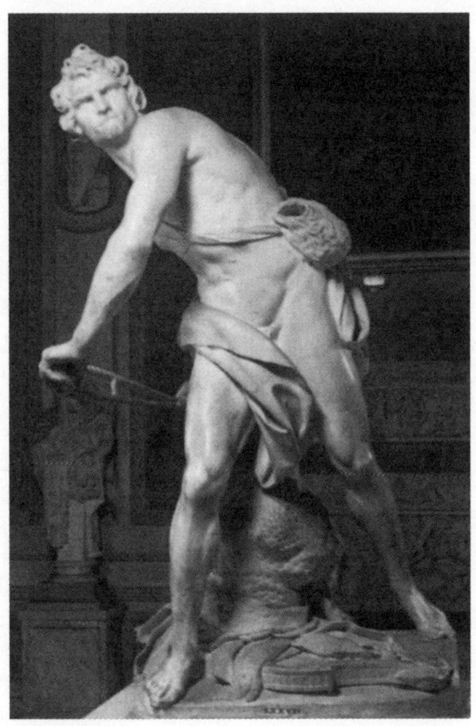

4 Gianlorenzo Bernini, Statue des David, 1623–1624. Rom, Galleria Borghese.

nis Auftraggeber. Deutlicher als mit der Rezeption dieses berühmten antiken Werks ließen sich der Rang der Sammlung als Ideenreservoir für die Gegenwart und die vom Sammler beanspruchte kulturelle Potenz nicht unter Beweis stellen.

Die für jeden Zeitgenossen offensichtliche Adaption der Gladiatorenstatue ging Hand in Hand mit der Festlegung eines präzisen Handlungsaugenblicks, der die Dramatik der Kampfsituation steigert. In diese sieht sich der Betrachter selbst unmittelbar und in keineswegs überlegener Position hineinversetzt. Denn in dem Moment, in dem er – herausgefordert durch die Expressivität der Physiognomie und die körperliche Pose des David – den Blickkontakt mit der Figur sucht, wird er unverzüglich mit der Einsicht konfrontiert, dass der jugendliche Kämpfer die Schleuder auf ihn selbst angesetzt hat. Die Begegnung des Betrachters mit der Statue spitzt sich so zum Duell zu. Der imaginäre Aktionsraum der Figur erstreckt sich in den Realraum des Betrachters. Mit diesem Kunstgriff wurde für die Barockkunst das Verhältnis zwischen Werk und Publikum neu bestimmt.

Wie Bernini gehörte Peter Paul Rubens zu den Erfindern einer spezifisch barocken Bildsprache. Der Auftrag für das Triptychon der «Kreuzaufrichtung» (Abb. 7, S. 34/35) erreichte den Maler in Antwerpen ein Jahr nach seiner Rückkehr aus Italien im Jahr 1609. Anfang 1611 war das Werk vollendet und wurde in Sint-Walburgis aufgestellt; nach der Zerstörung der Kirche gelangte es in die Antwerpener Kathedrale. Der Bildausschnitt der Mitteltafel ist knapp gewählt und der Handlungsraum beengt, da ihn bewachsene Felsen nach hinten abgrenzen. Die Geländewahl erlaubte Rubens, die kraftvollen Leiber der Schergen auf Felstreppen aufzutürmen. Nicht weniger als neun Schächer mühen sich, das Kreuz, das die Bildkomposition in der Diagonale gerade noch ordnend durchmisst, aufzustellen. Die Überzahl und die blindwütige Anstrengung der Henker, die sich nicht in die Augen schauen lassen, stellen die heroische Vereinzelung des Gekreuzigten umso deutlicher heraus. Der entblößte Leib hebt sich hell ab, die Arme sind steil nach oben ans Kreuz geschlagen, Christus wendet seinen Blick zum Himmel.

Rubens hat dem Ausdruck beherrschten Erduldens, den er in die Darstellung Christi legte, rhetorischen Nachdruck gegeben, indem er ihn nach dem Vorbild des «Laokoon» gestaltete. Wie mehrere Zeichnungen belegen, hat der Maler die 1506 aufgefundene antike Statuengruppe des trojanischen Priesters mit seinen Söhnen eingehend studiert. Die Durchbildung des Akttorsos, die Armstellung und der aufwärts gerichtete Blick sollen beim Betrachter keinerlei Zweifel aufkommen lassen, dass sich der Maler an der antiken Figur orientiert hat, die schon im Verlauf des 16. Jahrhunderts als Modell auch für christliche Themen herangezogen worden war. In seinem gegenreformatorisch orientierten Traktat über die Historienmalerei hielt es Giovanni Andrea Gilio 1564 für angemessen, den «Laokoon» als Vorbild für den Gekreuzigten und für Märtyrer zu adaptieren. So, wie sich beim Laokoon die Angst, der Schmerz und die Qual zeigten, so sei es zu empfehlen, Christus am Kreuz in der Erduldung seiner Wunden und seiner Verspottung sowie in der Verwandlung seines Opferblutes darzustellen. Nicht nur Rubens hat sich die christliche Umdeutung des «Laokoon» als *exemplum doloris*, als Exempel des Schmerzes, zu eigen gemacht. Im späteren Verlauf des Barock wurde der «himmelnde Blick» zu einer geradezu inflationär gebrauchten Bildformel der Heiligendarstellung.

In Rubens' Antwerpener «Kreuzaufrichtung» erfährt die Gestalt Christi durch den Rekurs auf das antike Vorbild eine überzeitliche Idealisierung, deren Tragweite erst durch einen entscheidenden kompositorischen Kunstgriff ganz zu ermessen ist. Rubens hat das Kreuz so postiert, dass es im Verlauf seiner Aufrichtung aus dem Bildraum herausgehoben würde und im Raum des Betrachters zu stehen käme. Das Kreuz Christi wird in der Lebenssphäre des Betrachters aufgerichtet, und wie die eklatante Fragmentierung der Figuren am Fuß des Kreuzes zu verstehen gibt, gehören dieser Sphäre auch die sündhaften Schächer an, die Christus martern. Darüber hinaus hat Rubens den Bildraum auf den ehemaligen Chorraum von Sint-Walburgis abgestimmt. Die Treppe des Hochchors setzt er als Felsentreppe im Bild fort, die Figurenkomposition ist wie eine Apsis bogenförmig geführt, der helle Leib Christi erstrahlt wie das Ostfenster der Apsis. Die Erhebung des Leibes Christi am Kreuz – so müssen wir die von Rubens bildlich vorgetragenen Argumente verstehen – wird durch die Hostienerhebung während des Messopfers aktualisiert; die Erlösungstat Christi findet in der Wirklichkeit des Betrachters statt.

Der Appell, der in den frühen Werken des Barock an den Betrachter gerichtet wird, beruht auf einem vielfältigen Repertoire formaler Strategien. Sie haben mit dem viel zitierten «barocken Pathos», das als Klischee an der Kunst der Epoche haftet, nur in einem sehr eingeschränkten Sinn etwas zu tun. Der Begriff des Pathos hat zwar durchaus seine historische Relevanz und ästhetische Berechtigung; aber er gewinnt seine Bedeutung erst aus dem Kontext der Rhetorik und bezeichnet dort eine der Überzeugungsstrategien des Redners. In der schon in den antiken Redelehren begründeten Systematik tritt *pathos* als Mittel der affektiven Überredung neben die Überredung durch das rationale Argument (*logos*) und durch das ebenfalls durch Vernunft erkennbare sittlich Richtige (*ethos*). Die Versinnlichung der Bildinhalte erschöpft sich im Barock also keineswegs in bloßem emotionalen oder gar sentimentalen Überschwang. Eine solche Sicht würde verkennen, dass die auf die Emotionen des Betrachters zielende Redeweise zwar bisweilen vordringlich sein kann, aber gleichzeitig mit der Argumentationslogik eines Werks sowie mit dessen ethischem Gehalt untrennbar verbunden ist. Der Appell an die Affekte des Betrachters als Ansporn für dessen eigenes Handeln wird letztlich erst durch die formal sinnvoll vorgetragene und in ihrem ethischen Gehalt exemplarische Mitteilung legitimiert. Dabei zielt die oftmals nur zu deutliche Anverwandlung von Figuren aus dem Repertoire der Antike oder der Renaissance darauf ab, die Allgemeingültigkeit der Bilderzählung zu untermauern. Das Überschreiten der ästhetischen Grenze, das Vordringen des Kunstwerks in den Realraum des Betrachters soll wie die gleichzeitige dramatische Zuspitzung des Handlungsmoments dem Bild argumentativen und affektiven Nachdruck geben.

Die typisch barocken Züge der hier angesprochenen Stilmerkmale sind unverkennbar. Entscheidend ist dabei die Tatsache, dass sie in den verschiedenen Kunstgattungen, in Architektur, Skulptur und Malerei, immer wieder anzutreffen sind. Diese gemeinsame Disposition der unterschiedlichen Gattungen war eine der wesentlichen Voraussetzungen für jene grandiosen Ensembleschöpfungen, für die sich – geradezu als Synonym für «Barock» – die Bezeichnung Gesamtkunstwerk eingebürgert hat. Über die hier an Beispielen vorgeführten Stilqualitäten wurde aber auch kunsttheoretisch nachgedacht.

III. Die Beredsamkeit der Künste und die Gattungen der Malerei

Das selbstbewusste Bild

Im 17. Jahrhundert entstanden in eindrucksvoller Fülle Gemälde, in denen das Malen, die Malerei und die Kunst zum Thema gemacht wurden. Man hat treffend vom «selbstbewussten Bild» (Viktor Stoichita) gesprochen. Es findet sich quer durch die Gattungen, vom Historien- und Genrebild über das Porträt und die Landschaft bis hin zum Stillleben. In Selbstbildnissen ist der Akt des Sehens zur Hauptaussage der Darstellung erhoben; in Atelierszenen wird das Malen, das zunächst einmal die handwerkliche Zusammenfügung von Farben zum Bild ist, als eine auf Regeln beruhende Schöpfungsleistung nobilitiert. In einer speziellen Form des Stilllebens, dem *trompe-l'œil*, das ein scheinbar umgedrehtes, mit der Bildfläche zur Wand gehängtes Gemälde zeigt, konnte dieser Gedanke paradox unterlaufen werden (Abb. 5). Das Thema des Bildes ist das Gemälde als materielles Objekt. Die gemalte Vorderseite bietet die Darstellung der Rückseite einer Leinwand mit einem Inventarzettel im Keilrahmen. Der beim Betrachter erzeugte Impuls, das Gemälde umzudrehen, brächte aber nun nicht die vermutete bemalte Bildvorderseite, sondern die rohe Leinwand im echten Rahmen ans Licht.

Im Gewand des großformatigen Historienbildes hat sich der spanische Hofmaler Diego Velázquez in einem seiner letzten Gemälde des Themas der Malerei angenommen (Abb. 14, S. 54). Das unter dem Titel «Die Spinnerinnen» bekannte Bild gibt auf seinen verschiedenen Sinnebenen zahllose Rätsel auf. Eine zentrale Bedeutungsdimension ist die Frage nach der Verwandlung materieller Grundstoffe im Schaffensakt des Künstlers. Schon wenige Jahre nach der Vollendung des Gemäldes wurde in einem Inventar der Titel mit «Fabula de Aragne» angegeben. Darge-

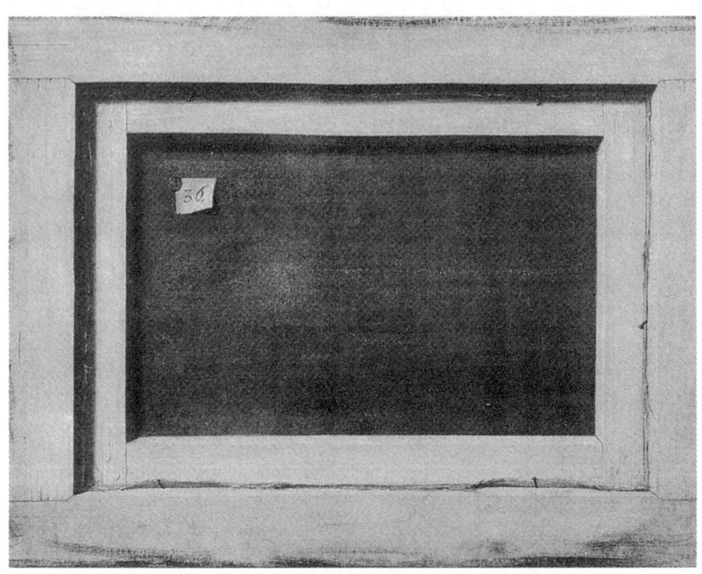

5 Cornelis Gijsbrechts, Trompe-l'œil eines umgedrehten Gemäldes, um 1670/75. Kopenhagen, Staatliches Museum.

stellt wäre demnach die in den «Metamorphosen» des Ovid geschilderte Erfindung der Teppichkunst im Wettstreit zwischen der Göttin Athena und der lydischen Weberin Arachne. Diese wird für ihre hochmütige Herausforderung am Ende von der Göttin mit der Verwandlung in eine Spinne bestraft.

Im rückwärtigen, hell ausgeleuchteten, aufwendig gewölbten und ausgestatteten Raum ist die Besichtigung eines Wandteppichs in Szene gesetzt. Drei vornehme Damen sind vor einer Tapisserie in Positur gegangen, auf der die Bestrafung der Arachne durch die gerüstete Athena dargestellt ist. Die Göttin hat den Arm drohend über ihre Herausforderin erhoben. Im Vordergrund geht der Blick in eine Werkstatt, in der sich fünf Frauen am Spinnrad und anderen Geräten des Spinnereigewerbes betätigen. Raffiniert sind die beiden Frauengruppen der hinteren und der vorderen Raumbühne analog gruppiert und kompositorisch miteinander verwoben. Aber die Trennung der sozialen Sphären bleibt gewahrt. Den vornehmen Betrachterinnen und den Arbeiterinnen sind verschiedene Tätigkeiten aufgegeben. Vorne wird die Rohstoffverarbeitung gezeigt, die der Herstellung eines Kunstobjekts, des Bildteppichs, notwendig vorausgeht, der erst am Ende der Betrachtung übereignet werden kann. Velázquez bezieht damit die handwerkliche und die gedankliche Seite der Kunst (*ars mechanica* und *ars liberalis*) aufeinander.

Die komplementäre Anordnung des rohen Wollhaufens und der Leiter zu beiden Seiten der Mittelarkade zeigt schließlich, dass der Maler keineswegs nur an die Teppichkunst dachte, sondern auch an sein eigenes Metier: Verweist die Leiter als Symbol auf die optisch-geometrischen Grundlagen der Künste, so verbirgt sich im Wollknäuel eine etymologische Anspielung auf Velázquez' eigenen Malstil. Das spanische Wort *borrón* bezeichnet nicht nur die Rohwolle, sondern auch den Fleck – und als «fleckige» Malerei wurden die Gemälde von Velázquez geschätzt. Velázquez' Bild nimmt zwar thematisch seinen Ausgang von einer bei Ovid erzählten «Metamorphose», doch der Maler hat weit darüber hinaus den Begriff der «Gestaltverwandlung» für eine kunsttheoretische Positionsbestimmung umgemünzt. Dabei hat er nicht nur die handwerklich-technische Seite des Schaffensprozesses vor Augen gestellt, sondern auch die schöpferische Fähigkeit des Künstlers, die Realität in die täuschende Wirklichkeit des Bildes zu überführen.

Die Aktualität der Rhetorik

Mit Bildern, die die Kunst selbst zum Thema machten, eroberten sich die Künstler die Möglichkeit zur souveränen, individuellen Stellungnahme im Rahmen der kunsttheoretischen Debatten ihrer Zeit. Formelhaft zugespitzt lässt sich sagen, dass die barocke Kunsttheorie in der andauernden, bisweilen affirmativen, bisweilen kritischen Rezeption der seit der Renaissance etablierten Kunsttheorie bestand. Die Eigenleistung des Barock ist primär in der weiteren Systematisierung überkommener theoretischer Normen und in deren Reglementierung – etwa in der

Gattungslehre – zu sehen. Allerdings mündeten gerade die Versuche der Etablierung einer allgemeinverbindlichen Doktrin bei wichtigen Stil- und Inhaltsfragen in offene Kontroversen. Sie erlauben es zwar, die Kategorien, um die gestritten wurde, zu bestimmen, aber ermöglichen es kaum, die inhaltlichen Resultate zu bilanzieren.

Die barocke Kunsttheorie ging in einem erheblichen Maß aus einem Gelehrtenstreit hervor, dessen Schauplätze teilweise schon im 16. Jahrhundert eröffnet worden waren. Zwischen den «Poussinisten» und den «Rubenisten» wurde um den Vorrang von Linie oder Farbe im Entwurfsprozess gefochten. Ebenso vehement wurde im Rahmen des Antikenstreits, der berühmten *Querelle des anciens et des modernes*, über die Frage der Verbindlichkeit antiker Vorbilder für die Kunst und Kultur der Gegenwart debattiert. Offen blieb darüber hinaus im Schlagabtausch zwischen den «Klassizisten» und den «Realisten», ob die Leitkategorie der *mimesis* auf die Nachahmung idealer, letztlich nur in der Kunst vorzufindender Naturschönheit beschränkt sei oder ob sie auch die wirklichkeitsgetreue Naturabbildung mit einschließe. Beide Richtungen ließen sich über alle regionalen Grenzen hinweg etwa mit den Carracci, Rubens und Poussin auf der einen Seite und mit Caravaggio, Rembrandt und den Brüdern Le Nain auf der anderen Seite personalisieren. In der theoretischen Vielstimmigkeit spiegelte sich also auch die stilistische Vielfalt der Barockkunst wider.

Über all diese Kontroversen war jedoch die Verbindlichkeit der antiken Rhetorik erhaben. Der Rekurs auf die rhetorische Terminologie findet sich in jeder noch so unscheinbaren Definition von Kunst. Schon die Kunsttheorie der Renaissance hatte die prinzipielle Analogie zwischen den visuellen Künsten und der Dichtung behauptet. Letztere umfasste nicht nur die Redekunst im engeren Sinne, sondern auch die fiktionalen Gattungen von Epos, Lyrik und Dramatik sowie die gelehrten Prosagattungen wie die Geschichtsschreibung. Aus der Antike waren es neben den exemplarischen Texten aus diesen unterschiedlichen Gattungen insbesondere die «Rhetorik» und die «Poetik» von Aristoteles, die poetologischen Schriften von Cicero und Horaz sowie die «Redekunst» des Quintilian, auf die man sich als Autoritäten für die Begründung einer Kunsttheorie aus dem Geist der Rhetorik berief. Die Emphase, mit der sich die neuzeitlichen Theoretiker auf das immer gleiche Schriftkorpus bezogen, wird vielleicht nur noch übertroffen von der Hartnäckigkeit, mit der sie ein vorgegebenes Repertoire von Argumenten in stets neuer rhetorischer *variatio* vortrugen.

Das hierarchisch geordnete System von rhetorischen Kategorien erfasste sowohl die Herstellung eines Kunstwerks als auch die damit beabsichtigte Wirkung. Die Produktion folgte einem geradezu klassisch gewordenen Dreischritt, ausgehend von der Wahl des Stoffes (*inventio*) über dessen thematisch angemessene, für den Betrachter nachvollziehbare Darlegung (*dispositio*) hin zu der das Publikum auch affektiv einnehmenden kunstvollen Ausarbeitung (*elocutio*). Im Rahmen dieser Produktionsstadien werden die thematischen und ästhetischen Vorentscheidungen für die Position des Werks in der Stilhierarchie getroffen. Die *genera dicendi*, die Stilebenen, wurden in einen niederen, einen mittleren und einen hohen Stil (*stilus humilis, mediocris, gravis*) klassifiziert. Die Extreme dieser Klassifikation waren in der Dichtungstheorie von den Polen Burleske und Tragödie besetzt, in den Bildgattungen von Stillleben und Historienbild.

Jeder Stil verlangt darüber hinaus bestimmte Darstellungsqualitäten. So muss entsprechend der grammatikalisch korrekten Verwendung der Sprache (*latinitas*) die bildliche Darstellung den Regeln der naturgetreuen Abbildung wie etwa der richtigen Perspektivzeichnung und der anatomischen Genauigkeit folgen. So wie der Dichter gemäß der Forderung nach Deutlichkeit (*perspicuitas*) klare Sätze formulieren soll, so hat auch der Maler dafür zu sorgen, dass sein Bild überschaubar ist, indem er zum Beispiel das Bildpersonal zahlenmäßig begrenzt. In spannungsreichem Gegensatz zum Kriterium der Klarheit steht die Forderung nach Ausschmückung (*ornatus*), die vor allem durch eine gewisse Fülle (*copia*) und die verschiedenartige Gestaltung (*variatio*) der Bildmotive gewährleistet werden soll.

Eine zentrale Bedeutung erlangte auf der Ebene der Darstellungsqualitäten die Lehre von der Angemessenheit (*decorum, aptum*). Dabei ging es im Kern darum, einen Normenkodex der Ständegesellschaft auch für die Künste festzuschreiben. Die Form der Darstellung einer Person sollte deren gesellschaftlicher Position angemessen sein. Schon Cicero hatte in «De officiis» die soziale Dekorumslehre prägnant zusammengefasst, indem er verlangte, dass sich eine Person in ihrem Auftreten und in ihrer äußeren Erscheinung gemäß familiärem Status, Beruf, Geschlecht und Alter zu verhalten habe. Eine Person von hohem Stand hatte sich exaltierter Gesten und lächerlicher Grimassen zu enthalten, wie sie für Vertreter der niederen Stände als typisch galten; ein älterer Mann sollte Kleidung in gedeckten Farben tragen im Unterschied zur Kleidung einer Frau oder eines jungen Mannes. Auch vom Künstler wurde verlangt, solche sozialen Distinktionsmerkmale zu reproduzieren.

All diese Vorschriften, die der Künstler bei der Produktion eines Werks zu beherzigen hatte, wurden schließlich ganz in den Dienst der Überredung (*persuasio*) des Rezipienten gestellt. Die rhetorische Kunstauffassung erfuhr ihre entscheidende Begründung aus der Zweckgebundenheit von Kunst, die der Belehrung des Betrachters zu dienen hatte, wobei die Wirkungsabsichten graduell unterschieden wurden. Sie umfassten die lehrreiche Unterhaltung (*delectare*) ebenso wie die Wissensbildung (*docere*) und die Vermittlung ethischer Handlungsmaximen durch die affektive Identifikation des Betrachters mit dem Bildgeschehen (*movere*).

Die eindrucksvolle Geltung der hier knapp skizzierten rhetorischen Tradition im Rahmen der neuzeitlichen Kunsttheorie und -praxis hatte vielfältige Gründe. Ihr auf die Antike zurückreichendes Alter war ebenso ehrfurchtgebietend wie ihr universeller Systematisierungsanspruch. Hatte bereits Giorgio Vasari im 16. Jahrhundert die Verwandtschaft aller Künste unter der Vaterschaft des *disegno*, der Zeichnung, ausgerufen, so setzte sich im Verlauf des folgenden Jahrhunderts die Sammelbezeichnung der «schönen Künste» durch, die unter den Vorzeichen der Rhetoriklehre nach einheitlichen Kriterien beurteilt werden

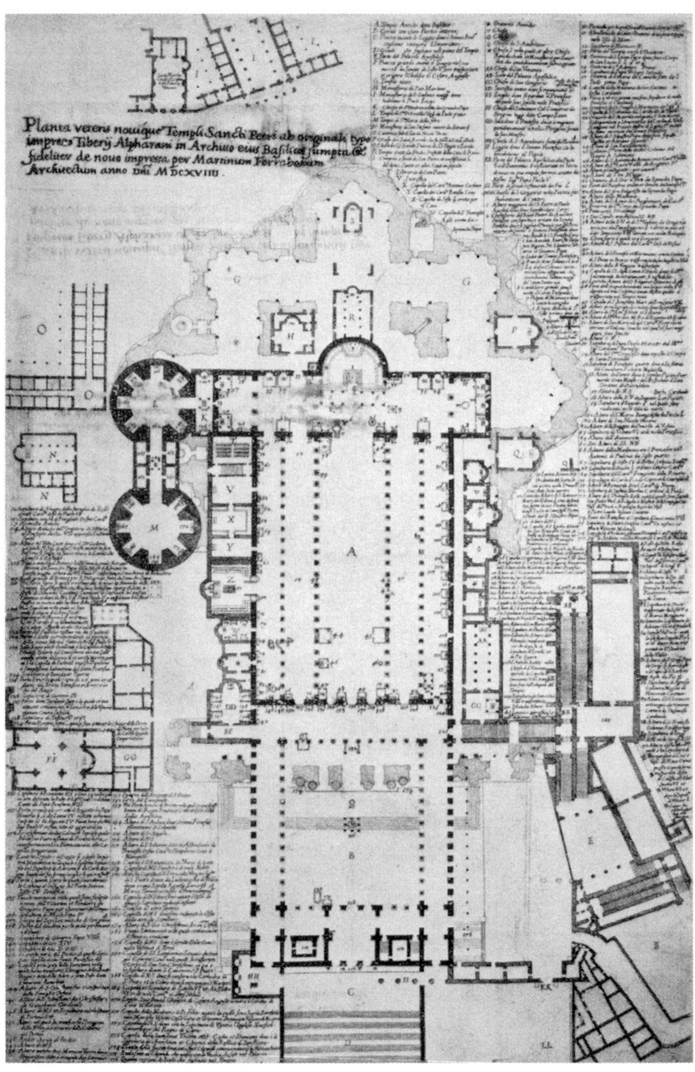

6 Übereinander projizierte Grundrisse von Alt- und Neu-Sankt Peter in Rom, 1639.

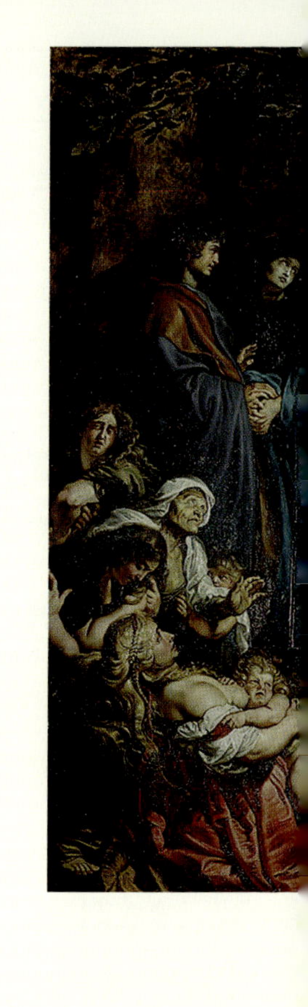

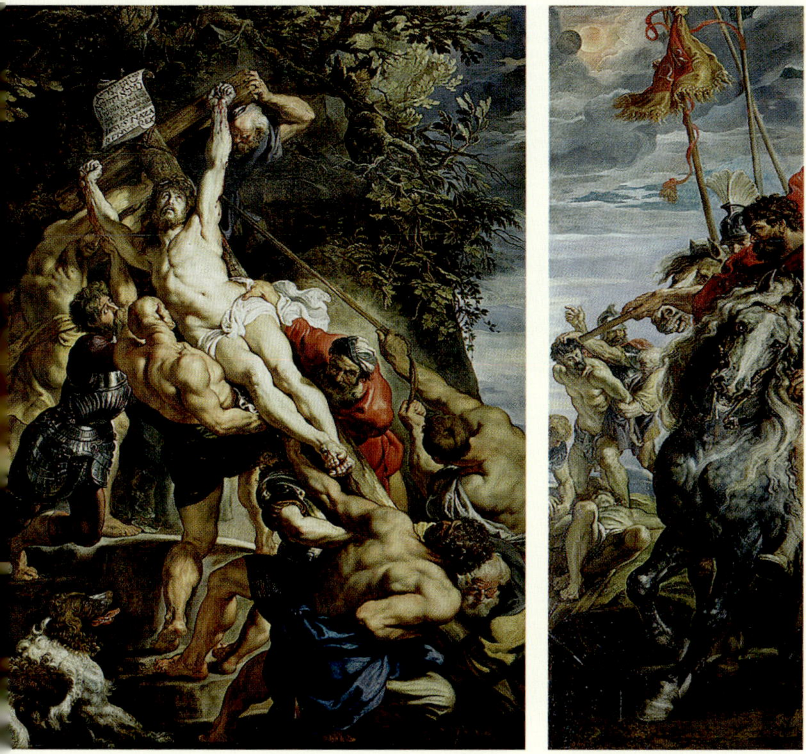

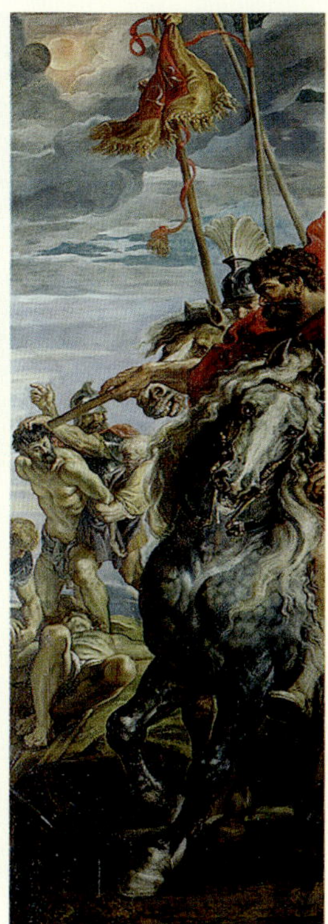

7 Peter Paul Rubens, *Kreuzaufrichtung*, 1611. Antwerpen, Kathedrale.

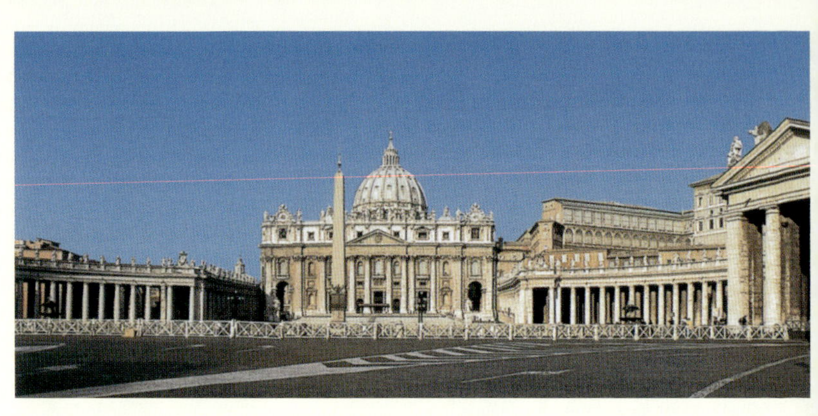

8 Blick auf Sankt Peter und die Kolonnaden des Petersplatzes in Rom.

konnten. Dies hob die Bildkünste und die Architektur endgültig in einen ebenbürtigen Rang mit den auf Sprache und Zahlen basierenden «freien Künsten».

Gabriele Paleotti, dessen «Discorso intorno alle immagini sacre e profane» (Abhandlung über die heiligen und profanen Bilder) 1582, am Vorabend des Barock, erschien und dessen Vorstellungen im ganzen Barock ihre Gültigkeit bewahrten, hebt diesen Zusammenhang mit besonderem Nachdruck hervor. Er geht vom Primat des Sehsinns als des vornehmsten aller Sinne aus und attestiert dem Bild eine höhere Würde und Bedeutung als dem Buch. Wie gleichzeitig Carlo Borromeo und Roberto Bellarmino in ihren einflussreichen Schriften vergleicht auch Paleotti den Künstler mit dem Prediger. Der Künstler vermöge es wie der Kanzelredner, die unterschiedlichen Schichten der Zuhörer anzusprechen und im Glauben zu überzeugen – die Unwissenden (*idioti*) auf der sinnlichen Ebene, die Gebildeten (*letterati*) in ihrem Intellekt und die Elite der im Glauben gefestigten vortrefflichen Geister (*animi nobili*) spirituell.

Die rhetorische Kunstauffassung brachte – auch dies machte einen Teil ihres Erfolgs aus – ein konventionelles Wissen auf den Begriff, das nicht nur dem Künstler, sondern auch dessen Auftraggeber und dem Publikum eine rationale Orientierung für das Verstehen von Kunst verschaffen konnte. Die Begrifflichkeit der Rhetorik leistete dies, weil sie zwischen den Künsten und anderen Bereichen der zeitgenössischen Lebensrealität zu vermitteln vermochte. Wie bereits erwähnt, war das *decorum* keineswegs ausschließlich und nicht einmal primär ein Kunstprinzip, sondern eine soziale Praxis. Im Rahmen der Dekorumslehre wurden Maximen des standes- und situationsgerechten Verhaltens festgeschrieben, das in der Art des Sprechens, der Mimik und des Gestikulierens sowie in der Kleidung zum Ausdruck kam. Dabei wurde im Verlauf des Barock die Angemessenheit des Auftretens immer nachdrücklicher eingefordert. Die Entwicklung der Hofgesellschaft, der Aufstieg des Machtstaates und die Herausbildung von konfessionellen Großgruppen zwangen Individuen in bisher unbekanntem Ausmaß zur Konformität. Unter diesen Umständen wurde das soziale *decorum* zunehmend einem darstellerischen Kalkül unterworfen, das in der Öffentlichkeit einen bestimmten Effekt zu erzeugen suchte und das letztlich auch der Künstler in seinen Bildern und der Architekt in seinen Bauten umzusetzen hatte.

Die Hierarchie der Bildgattungen

Wie schon angedeutet lässt sich auch die Systematik der Bildgattungen mit den aus der Rhetorik begründeten ästhetischen Maximen in Beziehung setzen. Die Festlegung auf die fünf Bildgattungen von Stillleben, Landschaft, Porträt, Genre- und Historienbild erfolgte während der zweiten Hälfte des 17. Jahrhunderts im Rahmen der akademischen Kunstlehre. Der Gattungskanon war in Analogie zu rhetorischen Kategorien und zur Hierarchie literarischer Textsorten aufgebaut. So wurde der Hauptzweck der dem *stilus humilis* zugeordneten Stillleben- und Landschaftsmalerei im *delectare* gesehen. Porträt und Genre gehörten dem *stilus mediocris* an, wobei sich das Genrebild mit der Komödie in eine Analogie bringen ließ. Der höchsten Stillage war als einzige Gattung die *historia* zugeordnet. Das mehrfigurige Handlungsbild nach mythologischen, biblischen oder geschichtlichen Sujets galt als Spitze der Gattungspyramide.

Dabei beruhte die Nobilitierung der *historia* auf der Analogie zum Epos. Bereits die *inventio* des Bildthemas aus dem Fundus der literarischen Überlieferung bestimmte den unüberbietbaren didaktischen und ethischen Anspruch der Gattung, die dem Betrachter Modelle von tugend- oder lasterhaftem Verhalten als *exempla* vor Augen zu stellen hatte. An den Historienmaler richtete sich die Forderung, die literarisch verbürgte Handlung durch die Wahl geeigneter Darstellungsmittel in ihrem Erzählablauf einsichtig zu machen, um ihm so den affektiven Nachvollzug des Bildgeschehens zu ermöglichen. Setzte die *historia* sowohl beim Künstler als auch beim Betrachter literarische Bildung voraus, so verlangte sie vom Maler darüber hinaus die Kraft zur Synthese der übrigen Gattungen. Denn das

Geschichtsbild vereint im Idealfall die Abbildung unbelebter Gegenstände oder Tiere mit der Wiedergabe landschaftlicher oder architektonischer Szenerien und der Darstellung von Einzelfiguren.

Die Gattungslehre fand ihre prägnanteste zeitgenössische Zusammenfassung durch den Kunsttheoretiker André Félibien im Zusammenhang mit den Vorlesungen an der französischen Kunstakademie, die 1667 auf Anordnung des Finanzministers Jean-Baptiste Colbert, der grauen Eminenz der Kulturpolitik unter Ludwig XIV., begonnen wurden. Die von den Akademiemitgliedern gehaltenen Vorträge, über die im Anschluss im Kreis der Künstler diskutiert wurde, widmeten sich ausgewählten Kunstwerken aus der Kunstsammlung des Königs. Ziel war es, aus den Einzelbeispielen allgemeine Prinzipien der Schönheitslehre abzuleiten und diese in Mehrheitsentscheidungen als verbindliche Gebote festzuschreiben. Wohl nie wieder sind die Verwissenschaftlichung der Kunst und der Dirigismus gleichzeitig so auf die Spitze getrieben worden.

Félibien stellte der Edition der «Conférences» ein programmatisches Vorwort voran, in dem er die Gattungen in einem übersichtlichen Rangsystem klassifiziert. Danach steht jener, der nur Früchte und Blumen malt, unter dem, der Tiere und Landschaften malt. Der Porträtmaler habe, auch «wenn er sich zum Nachahmer Gottes macht, indem er menschliche Figuren malt», noch nicht die hohe Vollkommenheit der Kunst erreicht wie derjenige Maler, der die Figuren in einer Handlung zusammenfügt. Félibiens Gattungsmodell liegt offensichtlich die Vorstellung von einer Natur zugrunde, die keine Sprünge macht. Entsprechend zieht er eine kontinuierliche Linie von der Darstellung der unbelebten Materie bis hinauf zum höchsten Geist, zur Vergegenwärtigung ideeller Inhalte in der Allegorie. Gleichzeitig ist nicht zu verkennen, dass sich in Félibiens anspruchsvoller Systematisierung des Gattungsmodells ganz schlicht die künstlerische Praxis seiner Zeit widerspiegelt.

Die Errungenschaften der Fachmaler

Man kann nur staunen über das Maß an Erfindungsreichtum, mit dem die Künstler seit dem frühen 17. Jahrhundert in allen Gattungen zu exemplarischen Schöpfungen gelangten und zugleich das Gattungsspektrum bis zu all seinen Grenzen ausloteten. Neben der eindrucksvollen Vielfalt an individuellen Spezialisierungen auf bestimmte Gattungen lässt sich für beinahe alle Sparten auch eine kaum überschaubare Fülle an regionalen Schulen ausmachen. Kam es nicht gleich zur völligen Neuerfindung einer Gattung wie dem autonomen Landschaftsgemälde und dem Genrebild, so wurde eine bestehende Gattung wie das Porträt durch Sonderformen wie das Gruppenbildnis oder die Karikatur bereichert. In der Landschafts-, Genre- und Stilllebenmalerei gilt das 17. Jahrhundert als eine Blütezeit mit Werken, die bis ins 19. Jahrhundert Maßstäbe setzten. Für das Historienbild lässt sich eine nachdrückliche Aufwertung der Darstellung zeitgeschichtlicher Ereignisse verzeichnen; sie treten nun als Themen gleichberechtigt an die Seite der traditionsreichen biblischen und mythologischen Sujets.

Stillleben. Das Stillleben ist als neue Gattung aus selbständigen Gegenstandsabbildungen innerhalb größerer Bildzusammenhänge entstanden. Der Begriff *parerga* bezeichnete in der Dichtungslehre das analoge Phänomen solcher dem Ganzen untergeordneter, aber zugleich für sich stehender Nebenarbeiten und Zusätze. Eine weitere über Texte verbürgte Autorisierung wuchs dem Stillleben durch berühmte aus der Antike überlieferte Künstleranekdoten zu. Erzählt wird darin von einer Spinne, die auf der Suche nach Futter auf einem gemalten Früchtestillleben herumgekroch, oder von den Trauben des Malers Zeuxis, an denen Vögel pickten, weil sie die gemalten Früchte für echt hielten. Die Anekdoten vermittelten den Stilllebenmalern Ermutigung und Verpflichtung zugleich – auch die größten antiken Künstler waren sich für das Abmalen toter Gegenstände nicht zu schade, und zugleich hatte der Maler darin zu brillieren, die Gebilde der Natur täuschend echt zu malen.

Aufgeschlagen ist in der Stilllebenmalerei des 17. Jahrhun-

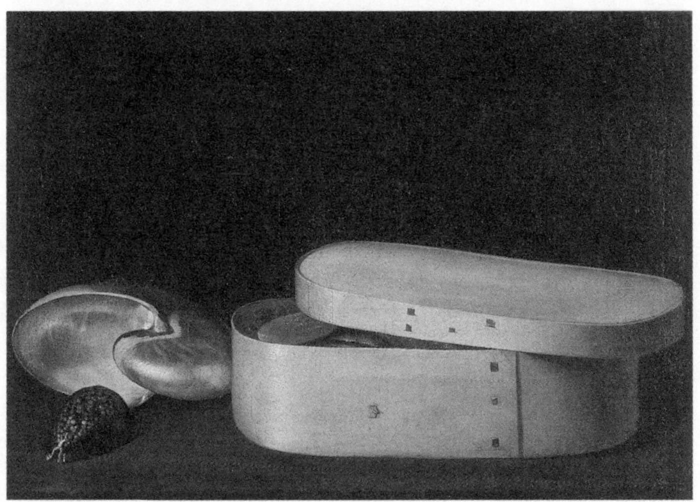

9 **Sebastian Stoskopff,** ***Nautilus und Spanschachtel,*** **um 1630. Privatsammlung.**

derts das Buch der Schöpfung mit allen Hervorbringungen der Natur und des Menschen. Den Darstellungen von *naturalia*, wie sie schon im 16. Jahrhundert mit den Früchte- und Blumenstillleben und den Küchenstücken bekannt waren, treten die *artificialia* an die Seite. Bei der mit einem Maximum an Illusionismus verbundenen Realitätsschilderung sind den symbolischen Bezügen, die vom Maler intendiert oder auch nur vom Betrachter hergestellt werden, keine Grenzen gesetzt. Sebastian Stoskopff, der sich in seiner Heimatstadt Straßburg als ausgesprochener Fachmaler auf Stillleben spezialisiert hatte, zeigt in seinem vielleicht kühnsten Werk nichts weiter als eine vor dem pechschwarzen Hintergrund in scharfen Umrissen herausgearbeitete Spanschachtel neben zwei Schnecken (Abb. 9). Die drei Dinge sind in eine sachliche, scheinbar vorgefundene Anordnung gebracht und gewinnen über die visuelle Präsenz hinaus eine geradezu taktile Gegenwart. Die Spanschachtel gehörte zu den Atelierrequisiten des Malers und taucht in seinen Bildern öfter auf. Hier gewinnt sie eine außergewöhnliche Monumentalität, der Deckel ist zur Seite geschoben wie beim Grab Christi nach dessen Auferstehung. Daneben glitzert das Perlmutt der Nautilusschnecke. Der Betrachter sieht sich wie so oft bei Stillleben dazu herausgefordert, die Objekte in ihrem rätselhaften Schweigen zur Rede zu stellen, indem er die Bildanordnung in eine gedankliche Ordnung überführt und sich die metaphorischen und transzendenten Bezüge des Bildes erschließt.

Landschaft. Das Grundanliegen, *naturalia* und *artficialia* in einer Sinneinheit zusammenzuführen, verfolgten auch die Landschaftsmaler. Hatten sich die verschiedenen Typen der in Italien entwickelten klassischen Ideallandschaft, der flämischen Weltlandschaft mit eingefügten Figurenszenen und der Dorfansicht bereits im 16. Jahrhundert etabliert, so eroberte sich die Malerei dann die Domäne der topographisch präzisen Vedute. Bisweilen sicherte die Verwendung von Landkarten und der *Camera obscura*, also eines Guckkastens mit Linse als Zeichenhilfe, die Genauigkeit der Ortsschilderung. Die Darstellung von Wolken und Sternen folgte neuen naturwissenschaftlichen Einsichten.

Es ist an sich nicht verwunderlich, dass die vormoderne Gesellschaft den ländlichen Lebens- und Erfahrungsraum als Sujet der Malerei entdeckte. Bis um 1800 wohnten über neunzig Prozent der Menschen auf dem Lande einschließlich der Orte mit bis zu fünftausend Einwohnern. Aber natürlich lebten die Maler und ihre Kundschaft in der Stadt. Vor diesem Hintergrund erweisen sich das Verhältnis von Stadt und Land, die kulturelle Durchdringung der Landschaft und – noch allgemeiner gesprochen – die Komplementarität von Geschichte und Natur als Leitmotive der Gattung. Die Auseinandersetzung mit diesen Themen konnte inhaltlich und formal denkbar unterschiedlich ausfallen.

Jacob van Ruisdael malte, lange nachdem er sich in Amsterdam niedergelassen hatte, eine Ansicht seiner Geburtsstadt Haarlem (Abb. 13, S. 53). In seiner für die niederländische Landschaftsmalerei charakteristischen Zusammenfügung von Wasser, Land und Himmel zur Trias gleichberechtigter Elemente und in seiner ruhigen Harmonie der Farb- und Motivkomposition erschließt das Bild die handfeste ökonomische Realität der Beziehung von Stadt und Land. Der Blick geht über die Ebene auf die Stadt, aus deren Silhouette nur die Kirchen und einige wenige Windmühlenflügel in den hohen Himmel ragen. Der Vordergrund ist durch Häusergruppen, Hecken und lange weiße Tuchbahnen gegliedert. Die Tücher sind farblich und kompositorisch regelrecht in die Landschaft eingewoben. Der Veredelung dieser Stoffe, die aus England und Schottland importiert und auf den Bleichfeldern ausgelegt wurden, verdankte Haarlem seinen Reichtum.

Zu solchen Ansichten von Prosperität, wie sie die niederländischen Stadtansichten und Seestücke darbieten, scheint das mit dem Verlegenheitsbegriff der «Ideallandschaft» bezeichnete historisierende Landschaftsbild auf den ersten Blick einen denkbar gegensätzlichen Entwurf darzustellen. Der Typus wurde von Claude Lorrain zur Vollendung geführt. Seine mit antiken Architekturen und pastoralen, mythologischen oder bisweilen alltäglichen Szenen ausstaffierten Landschaften zeigen ein fernes Arkadien. Aber gleichzeitig wird auch hier auf die zeitgenössische Wirklichkeit zurückverwiesen. Denn die Besteller von Lorrains Gemälden aus dem Kreis der großen römischen Familien ließen sich von dem Maler die römische Campagna, in der sie ihren Landbesitz hatten, als Rückzugsort von der Stadt vergegenwärtigen und als geschichtsmächtigen Erinnerungsraum nobilitieren. Das Ausmaß an Spezialisierung dieses im päpstlichen Rom seiner Zeit erfolgreichsten Malers kann man daran ermessen, dass in seinen vollendeten Landschaften den Figuren meist ein dilettantischer Zug anhaftet.

Porträt. Bisweilen waren berühmte Historienmaler auch bedeutende Porträtisten. Man muss nur an Rubens, Velázquez und Rembrandt denken. Bei einigen Malern lässt sich eine eklatante Bevorzugung des Porträts beobachten, allen voran bei Anthonis van Dyck und Frans Hals. Die souveräne Beherrschung des gesamten Porträtfachs im Zeitalter des Barock ist daran zu ermessen, dass die Maler nun eine beeindruckende Bandbreite von Sonderformen entwickelten. Gruppenbildnisse etablierten sich besonders in den bürgerlichen Gemeinwesen

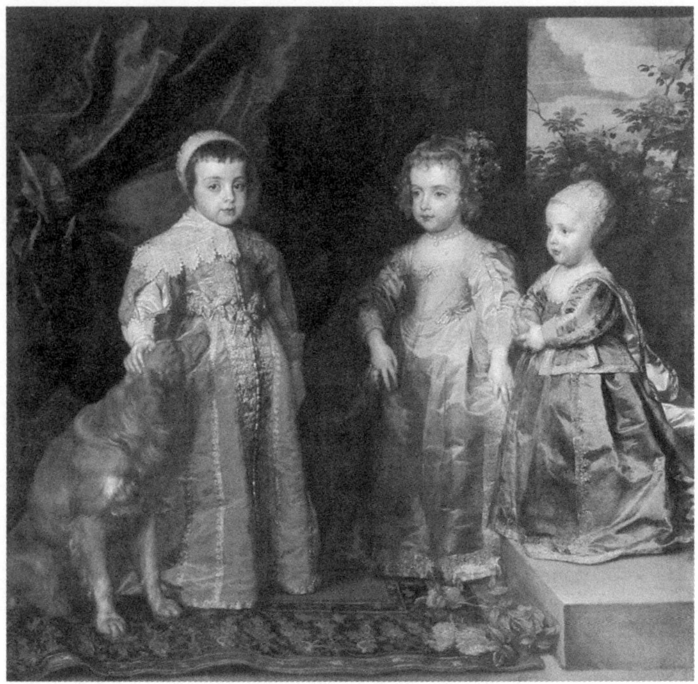

10 Anthonis van Dyck, *Die Kinder König Karls I. von England*, 1635. Turin, Galleria Sabauda.

der Niederlande mit ihren zahlreichen Korporationen. Das vielleicht populärste Gemälde des Zeitalters, Rembrandts «Nachtwache» aus dem Jahr 1642, stellt die Amsterdamer Büchsenschützengilde mit ihrem Kapitän dar. Sowohl in der Bürger- als auch in der Hofkultur wurde das Kinderbildnis zu einem festen Bestandteil von Haus- und Schlossinterieurs. Diego Velázquez entwarf mit den Bildnisreihen der spanischen Infantinnen und Infanten eine höfische Welt *en miniature*, die im frechen Gebaren von kleinwüchsigen Narren ihre Gegenwelt besaß. Anthonis van Dyck war es vom englischen König Karl I. aufgegeben, dessen drei Kinder zu malen (Abb. 10). Das Gruppenbild sollte wie die Porträtserien von Velázquez die generative

Leistungsfähigkeit und die Kontinuität der königlichen Dynastie unter Beweis stellen. Der Maler hat es aber vermocht, die kindliche Anpassung ans Reglement der Erwachsenen und die spielerische Persiflage der Erwachsenenwelt feinsinnig in der Schwebe zu halten.

In der Karikatur wurden die Konventionen des Porträtfachs dann vollends subversiv unterlaufen. Diese Bildform durfte den für das Porträt verbindlichen Anspruch auf Ähnlichkeit zwar nie ganz aufgeben, doch hatte sie gleichzeitig die Aufgabe, das Bildnis humorvoll zu deformieren. Für die Erfindung der Karikatur werden Annibale Carracci und Gianlorenzo Bernini von deren frühen Biographen in Anspruch genommen. Ein Blatt von der Hand Berninis zeigt einen Prälaten in Ganzfigur, mit dem vielleicht Kardinal Francesco Barberini gemeint sein könnte (Abb. 11). Der Physiognomie und der dürren Gestalt sind jene Züge eigen, denen die Karikatur ihren Namen verdankt – *caricare* und *caricato* bedeutet nichts anderes als «überladen». Der Bildwitz der Figurenschilderung liegt maßgeblich in der «Freimütigkeit des Strichs» und den «übertriebenen Federzügen», für die Bernini bereits von den Zeitgenossen gerühmt wurde. Der Regelverstoß gegen die naturgetreue Abbildung setzt nicht nur die vollständige Beherrschung der konventionellen Bildmittel voraus. Das Aufkommen der Karikatur im Frühbarock ist darüber hinaus ein Indiz dafür, dass der strenge Verhaltenskodex der sich etablierenden Hofgesellschaft die Künstler zu Äußerungen der Devianz, des Verstoßes gegen die sozialen Normen provozierte.

Genre. Wertekonflikte stehen auch im Zentrum der schillerndsten Gattung: dem Genrebild. Mit der Gattung tat man sich in der zeitgenössischen Theoriebildung

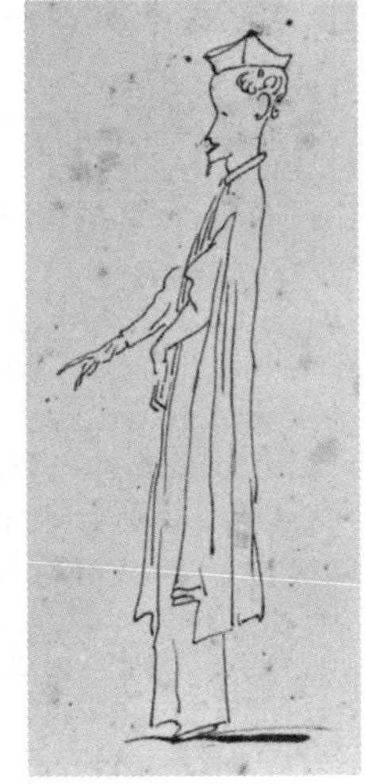

11 Gianlorenzo Bernini, *Karikatur eines Prälaten*, um 1630. Rom, Biblioteca Vaticana.

schwer. Zur Zeit ihrer Entstehung wurden die Bilder noch mit ihrer konkreten Thematik tituliert. Mitte des 18. Jahrhunderts ist treffend von «Gesellschaftsbildern» die Rede, und die Sammelbezeichnung «Genre» wurde erst im 19. Jahrhundert als Terminus technicus geprägt. Das Genre wird gemeinhin mit der nordalpinen, vor allem mit der niederländischen Malerei assoziiert; man wird aber schnell gewahr, dass Genrebilder in praktisch allen europäischen Kulturen beheimatet waren. In den Niederlanden selbst deckt das Genrebild eine unglaubliche Spannbreite der Milieuschilderung ab, deren Extreme mit den stillen bürgerlichen Interieurs von Jan Vermeer und den derben, oftmals obszönen dörflichen Zusammenkünften eines Adriaen Brouwer markiert sind. In Spanien wurde die Sonderform der *bodegones* gepflegt, bei denen es sich um Kücheninterieurs handelt, in denen das Arbeitspersonal mit stilllebenhaft ausgebreiteten Geschirrutensilien und Nahrungsmitteln hantiert. Ebenfalls in Sevilla, wo dieser Bildtypus aufkam, malte Bartolomé Esteban Murillo seine Straßenszenen mit Bettlerkindern. In Rom bedienten die *bamboccianti*, eine Gruppe flämischer Maler, die sich zu Beginn des 17. Jahrhunderts in der Stadt niedergelassen und sich in der *Schildersbent* organisiert hatten, den Bildermarkt mit Rauf-, Raub- und Jahrmarktszenen.

Der lothringische Sonderling Georges de La Tour, dessen hauptsächlich aus religiösen Bildern bestehendes Werk erst in den letzten Jahrzehnten dem Vergessen entrissen wurde, hat sich auch das beliebte Bildsujet des Kartenspiels vorgenommen (Abb. 15, S. 55) und es ganz seinem unverkennbaren Idiom anverwandelt. Zwei Männer haben die Mitspielerin in ihre Mitte genommen, zu der eine Dienerin herantritt. Zum Geld, das reichlich auf dem Tisch liegt, kommen Wein und Betrug hinzu. Argwohn liegt in der Luft. Die prächtig aufgeputzten Personen sind in unterschiedlichen Posen des Verharrens gezeigt. Die Blicke treffen sich nicht, die beiden Frauen schauen rivalisierend aus den Augenwinkeln. Doch der linke Spieler hat längst gegen seine Mitspieler den Pakt mit dem Betrachter geschlossen. Ihm zeigt er schon die Trümpfe, die er hinter seinem Rücken aus der

Schärpe zaubert, bevor er sie ausspielt. Durch die verhaltene Charakterisierungskunst des Malers und die Raffinessen der Gestaltung wird das Sujet der vermeintlichen Alltagsbanalität enthoben und steigt zum moralischen Sinnbild des Betrugs auf. Doch bleibt die moralische Sinndimension des anonymen, in den Alltag versetzten Bildes gegenüber der Präzision der szenischen Vergegenwärtigung in der Schwebe. In den Kategorien der Rhetorik gesprochen halten sich das *delectare* und das *prodesse*, das Vergnügen und die moralische Erbauung, die Waage. Der Zeigefinger wird sozusagen nur mit ironischem Zögern erhoben. Er soll sich keineswegs vor das Anliegen einer präzisen Wirklichkeitserfassung schieben, die im 19. Jahrhundert die Maler des Realismus und die Theoretiker der Milieutheorie an der Genremalerei faszinierte.

Historie. Moralisch eindeutige Vorbilder waren hingegen von der Historienmalerei gefordert. Die Verpflichtung auf positive oder die Warnung vor negativen *exempla* prägte in einer heute kaum noch vorstellbaren Verbindlichkeit den frühneuzeitlichen Normenkodex. Dabei hat die *imitatio* eines Exempels als eine umfassende Kulturtechnik zu gelten. Die Historiographie stellte die moralischen Beispiele bereit; praktische politische Ratschläge basierten argumentativ auf der Darlegung analoger Begebenheiten aus der Geschichte; Schriften zur praktischen Ethik präsentierten sich bisweilen als kommentierte Kompilationen von Zitaten aus den Werken antiker Autoren; im Rahmen der Kunsttheorie und Kunstpraxis meinte *imitatio* die schlichte Tatsache, dass die Entstehung des einzelnen Kunstwerks stets in Relation auf andere Kunstwerke gedacht wurde. Diese allgemeine Geltung des *imitatio*-Gedankens legitimierte auch die visuelle Vermittlung von Exempla in der Historienmalerei und verlieh ihr Nachdruck.

Zu den markantesten Entwicklungen der barocken Historiendarstellung gehört, dass im Verlauf des 17. Jahrhunderts neben den Fundus mythologischer, historisch-antiker und religiöser Themen immer mehr Sujets der Zeitgeschichte in den Vordergrund traten. Im «martialischen Saeculum» hatten naturgemäß Kriegsreportagen, die als gemalte Schlachtenbilder oder als Graphiken angefertigt wurden, Konjunktur. Es ist – wie im folgenden Kapitel ausgeführt wird – der absolutistische Fürst, der durch sein Regierungshandeln zum Exempel aufsteigt, eine allgemeinverbindliche Norm zu verbürgen vermag und dies auch mit visuellen Erfolgsbilanzen beglaubigt.

Bei der hier skizzierten Ausdifferenzierung des Gattungsspektrums spielten recht unterschiedliche Faktoren zusammen. Theoretisches Räsonnement ging Hand in Hand mit ökonomischem Pragmatismus. Die Rhetorik gab Malern, Bestellern und Publikum einen Leitfaden an die Hand. Gattungskonventionen wurden in kaum zu überschätzendem Maß auch institutionell festgeschrieben. An der 1648 gegründeten Pariser Kunstakademie wurde das Gattungssystem den Schülern vermittelt, und diese hatten ihr Aufnahmestück unter einer Gattungsvorgabe anzufertigen. In entsprechender Ordnung wurden in den Ausstellungskatalogen, die das Publikum durch die von der Akademie alljährlich abgehaltenen Salon-Ausstellungen leiteten, die ausgestellten Werke aufgelistet. In Nachlassinventaren von Sammlern und in Preislisten von Händlern finden sich die Werke in ähnlicher Weise sortiert.

Die Mechanismen des sich entwickelnden Kunstmarktes taten ein Übriges, solche Klassifizierungen zu befestigen: Wenn sich in vorher unbekanntem Umfang die Fachmalerei entfaltete, so konnte sich die Spezialisierung nur aufgrund der Erschließung weiterer Kundenkreise aus bürgerlichen und sogar unterbürgerlichen Schichten auszahlen. Die Maler begannen, neben bestellten Werken auch Bilder für den freien Verkauf zu produzieren, die ihnen in den Ateliers oder auf Verkaufsmessen von breiten Käuferschichten abgenommen wurden. Der englische Reisende John Evelyn notiert nicht ohne Verwunderung in seinem Tagebuch, dass es in den nördlichen Niederlanden kaum einen einfachen Handwerker gebe, dessen Haus nicht mit einem Gemälde geschmückt sei. Neben den traditionellen Auftraggebern, den Fürsten, den städtischen Oberschichten und der Kirche, hatte sich der Kunstmarkt etabliert.

IV. Die Repräsentation des Staates

Leviathan

Mitte des 17. Jahrhunderts wurde eines der einprägsamsten Bilder erfunden, in denen der Staat als politische Ordnungskonzeption Gestalt gewann. Es erschien als Titelblatt eines Traktats zur politischen Theorie, des 1651 publizierten «Leviathan» von Thomas Hobbes (Abb. 12). Man meint das Blatt auf Anhieb zu verstehen, doch gibt es einem schon auf den zweiten Blick Rätsel auf. Hinter dem Horizont einer Hügelkette ragt der gekrönte Riese auf, dessen Körper aus Menschenleibern zusammengesetzt ist und der mit Schwert und Bischofsstab gebieterisch über den Landstrich ausgreift. Er ist ebenso ein Kulturprodukt wie die Institution, die er verkörpert, nämlich der mit dem Namen des biblischen Monsters «Leviathan» bezeichnete allmächtige Staat. Gemäß der Staatstheorie von Hobbes verzichten die Menschen im Interesse ihrer Selbsterhaltung und ihrer Sicherheit auf ihre Freiheit und fügen sich vertraglich einer Herrschaftsinstanz über ihnen. Der «Leviathan» hat die Zivilgesellschaft in seinem Kunstleib inkorporiert. Seine souveräne Allmacht beansprucht nicht nur die weltliche und geistliche Herrschaft, sondern auch die über den Raum. Der Kupferstecher hat auf eine Rahmeneinfassung verzichtet und dadurch keinen Zweifel daran gelassen, dass es sich bei dem Gebietsausschnitt vor dem Giganten bloß um das Segment einer grenzenlosen Weltlandschaft handelt. In der Stadtansicht ist die Festung dem Schwert und die Kirche dem Bischofsstab zugeordnet. Die Einwohner scheinen aus der planmäßig angelegten, entvölkerten Bürgerstadt durch das Stadttor in den Körper des Riesen gezogen zu sein.

In der als Triptychon angelegten unteren Bildhälfte sind in den Seitenflügeln bildliche Kürzel der Machtmittel der weltlich-kirchlichen Obrigkeit einander gegenübergestellt: Burg und Kirche, Fürstenkrone und Mitra, eine Kanone und das Blitzbün-

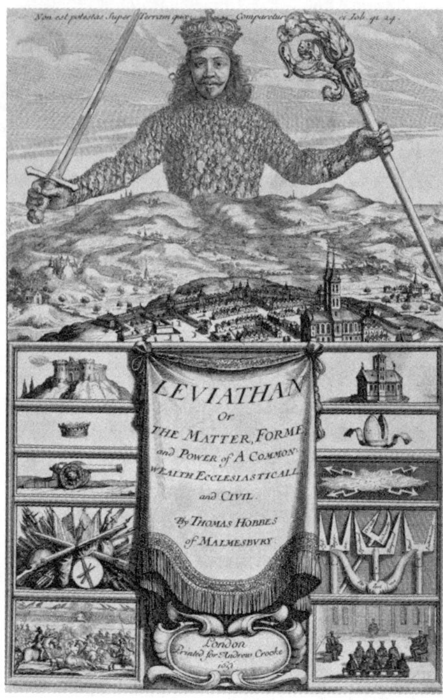

12 Abraham Bosse, Frontispiz des «Leviathan» von Thomas Hobbes, 1651.

del des Kirchenbanns, ein Waffenarsenal und die rhetorischen Waffen der formalen Logik, Schlacht und Disputation. Im Zentrum erscheint der Buchtitel auf einer fingierten Draperie. Dahinter, so wird suggeriert, verbergen sich die Geheimnisse vom staatlich geordneten Zusammenleben der Bürger, die sich dem Leser bei der Lektüre von Hobbes' Buch entschleiern sollen.

Der Künstler hat in Absprache mit dem Autor des Traktats darauf verzichtet, dem Leser beispielhaft einen Fürsten als Verkörperung des Staates zu präsentieren. Stattdessen stellt er ihm den Staat im Rahmen einer bildlichen Didaktik als anonymes Konstrukt vor Augen. Darauf beruht die bis heute provokante Wirkung der Darstellung, und darin durchkreuzt das Bild auch die populäre Vorstellung von der barocken Glorifizierung des Staates. Sie verdichtet sich in der lange Zeit gültigen, formelhaften Gleichung von Barock und Absolutismus. Demnach soll der absolutistische Fürstenstaat mit seinem Monarchen, der über den Gesetzen stand und sich mit der Aura des Gottesgnadentums umgab, ein Ursprungsmilieu der Barockkunst gewesen sein, während umgekehrt das barocke Kunstwerk als Träger absolutistischer Ideen gedient haben soll. In den letzten Jahren haben sich aber die Zweifel an einer solchen Sichtweise verstärkt. Auf der einen Seite geriet das historische Konstrukt des Absolutismus ganz erheblich ins Wanken. Auf der anderen Seite hat die Vorstellung von einer Staatsrepräsentation, der es um kulissenhaften Pomp oder gar die verlogene panegyrische Verklärung des Monarchen gegangen sei, einem differenzierten Bild Platz gemacht. So wie die Untertanen der Obrigkeit keineswegs ohnmächtig gegenüberstanden, sondern eigene Mitwirkungsrechte besaßen, so handelte es sich auch bei der visuellen Staatsrepräsentation nicht um bloße Überwältigungsrhetorik. Sie war ganz im Gegenteil ein unentbehrliches Mittel der Kommunikation zwischen Obrigkeit und Untertan mit einem – dies erhellt schlaglichtartig bereits das Frontispiz von Hobbes' «Leviathan» – beträchtlichen argumentativen Potential.

Herrscherpanegyrik und Herrschaftsbegründung

Die Durchsetzung und Festigung von Herrschaft braucht Bilder, und erfolgreiches politisches Handeln bedarf der visuellen Beglaubigung – so lässt sich eine politische Maxime des Zeitalters auf den Nenner bringen. Bereits Niccolò Machiavelli stellt in seinem 1513 verfassten «Principe» fest, die Menschen urteilten im Allgemeinen mehr nach dem, was sie mit den Augen wahrnehmen, als nach dem, was sie mit den Händen begreifen, denn alle erkennen, was man zu sein scheint, aber nur wenige, was man ist. Hier kündigt sich ein historisch folgenreicher Begriff von Politik an, der auf den mit Kunstmitteln erzeugten Effekt spekuliert und für den Politikstil des Barock prägend wurde. König Ludwig XIV. von Frankreich hat sinngemäß das Diktum Machiavellis wiederholt, als er in seinen Memoiren feststellte, man urteile vorteilhafter über das, was man sehe, als über das, was man nicht sehe. Im späteren Verlauf der Epoche wiederholt Julius Bernhard von Rohr in seiner «Ceremonialwissenschaft der großen Herren» (1733) den Glaubenssatz, dass die Untertanen durch die «Dinge, so in die Augen fallen», einen «klaren Begriff von seiner Majestät Macht und Gewalt» bekämen. Unter einer solchen Vorgabe war die Förderung von Kunst und Architektur von Seiten der Obrigkeit weit mehr als ein glanzvolles Accessoire der Herrschaft, sie war ein unverzichtbarer Teil des staatlichen Regierungshandelns.

Der Typus des monumentalen Ehrensaales war eine bevorzugte Bühne für die legitimierende bildliche Darstellung von Herrschaft. Dieser Raumtyp findet sich in Schlössern und Palästen ebenso wie in Rathäusern und Klöstern. Für die reichsunmittelbaren Klöster hat sich die Bezeichnung des «Kaisersaales» eingebürgert. Der Typus solch repräsentativer Räume reicht in die Renaissance zurück, erfuhr aber im Barock durch Größe und Opulenz der Ausstattung ihre später nicht mehr überbotene Verwirklichung. Für diese Zeit stellt das Deckenfresko im Salone des Palazzo Barberini in Rom eine grandiose Ouvertüre dar (Abb. 16, S. 56). Geschaffen hat es Pietro da Cortona, der in seiner Universalität als Maler, Architekt und Theoretiker heute erst allmählich aus dem Schatten seiner Zeitgenossen Bernini und Borromini heraustritt, und zwar in den Jahren zwischen 1633 und 1639 für den Familienpalast Papst Urbans VIII.

Kirche und Familie sind auch die beiden ineinander verschränkten Themen der über alle Raumgrenzen hinausstrebenden Illusionsmalerei. Veranschaulicht ist das Wirken der göttlichen Vorsehung zur Verherrlichung des Hauses Barberini. Im Gewölbe des Saales ist über dem vergoldeten Hauptgesims ein fingiertes, reich mit Scheinstuckatur dekoriertes Rahmengerüst aufgespannt, durch das sich der Blick auf den von Personifikationen bevölkerten Himmel öffnet. Im zentralen Feld wird das Familienwappen der Barberini – drei Bienen im Lorbeerkranz – von den drei christlichen Tugenden getragen, während darüber die päpstlichen Insignien von den Personifikationen der Religion und der Stadt Rom verwahrt werden. Das heraldische Ensemble und mit ihm die Papstfamilie werden von der golden

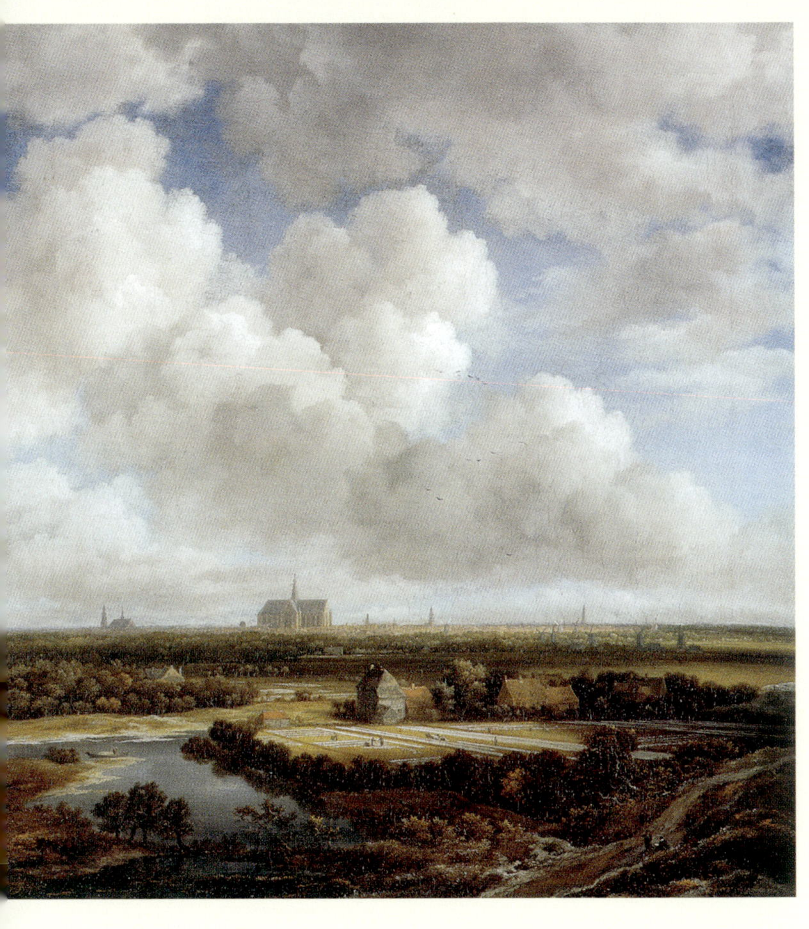

13 Jacob van Ruisdael, *Ansicht von Haarlem*, um 1670/75. Zürich, Kunsthaus.

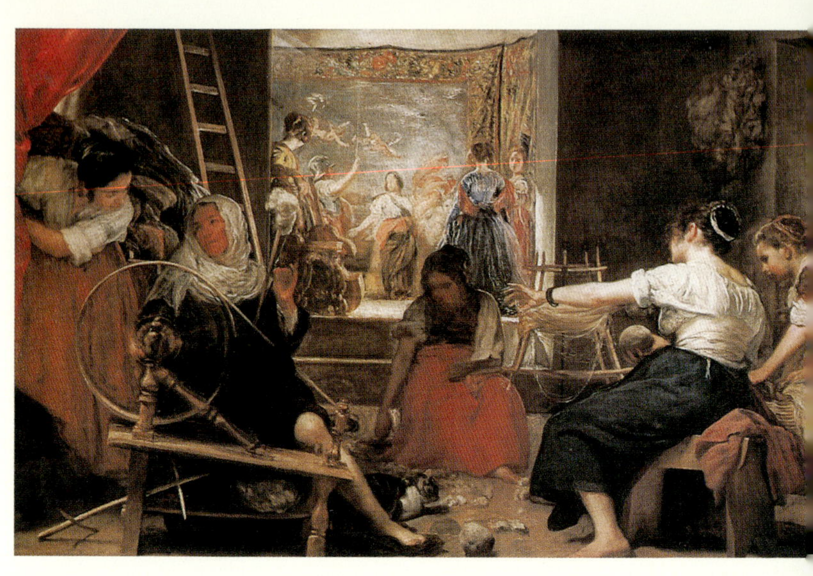

14 Diego Velázquez, *Spinnerinnen und der Teppich mit Athena und Arachne*, um 1657. Madrid, Museo del Prado.

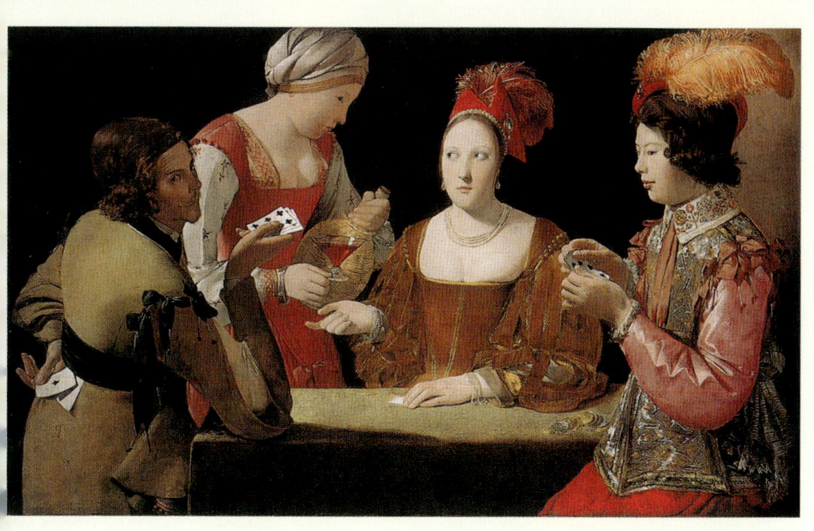

15 Georges de La Tour, *Die Kartenspieler*, um 1640. Fort Worth, Kimbell Art Museum.

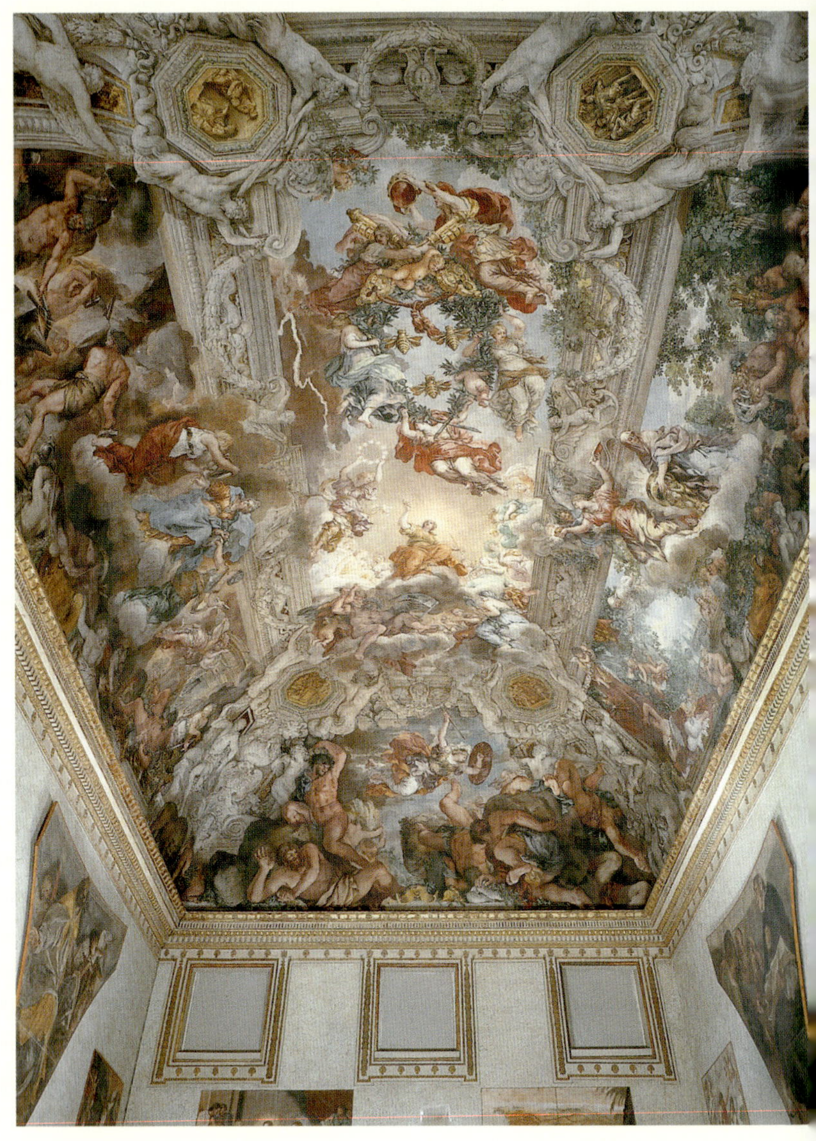

16 Pietro da Cortona, Deckenfresko im Salone des Palazzo Barberini in Rom, 1633–1639.

gewandeten Vorsehung, die mit einer Allegorie der Vergänglichkeit auf einer Wolkenpyramide thront, und von der Personifikation der Unsterblichkeit mit dem Sternenkranz (auf der linken Seite) der Ewigkeit des Ruhmes überantwortet. Unterhalb des monochromen Scheinrahmens wird das zentrale Himmelsfeld von politischen Allegorien in landschaftlichen Szenerien umgeben. In diesen allegorischen Figurenarrangements wird die päpstliche Regierung in ihrer segensreichen Wirkung als Garant von Frieden, Gerechtigkeit und Wohlstand sowie in ihrer Rolle als Schutzherrin der Künste und Wissenschaften gewürdigt.

Bei aller apologetischen Wucht im Gesamten sind im Deckenfresko Pietro da Cortonas unterschiedliche Argumentationsebenen erkennbar, die der Maler auch formal für den Betrachter geschieden hat. Werden die Barberini in der Apotheose des Deckenzentrums durch die Personifikationen der Tugenden buchstäblich in den Himmel gehoben, so liefern die politischen Allegorien in den Seitenfeldern des Freskos die Begründungen der Verklärung. Dazwischen vermitteln die vergoldeten achteckigen Reliefmedaillons auf dem Rahmengerüst, die Tugendexempla aus der römischen Geschichte zeigen. Die Verschränkung der unterschiedlichen Sinnebenen geht mit der Zusammenfügung verschiedener Darstellungsformen einher. Pietro da Cortona überblendet den offenen Himmelsausblick mit dem geschlossenen System der scheinbar an die Decken montierten Gemälde. Diese neuartige Synthese von *cielo aperto* und *quadro riportato*, die in der einheitlichen Perspektive konsequenter Untersicht vor dem Betrachter entfaltet wird, garantierte dem Fresko eine unübersehbare Wirkungsgeschichte in der profanen und kirchlichen Deckenmalerei.

Fürstliche Ehrensäle etablierten sich in zahlreichen Residenzen der europäischen Monarchien als zentrale Orte der dynastischen Repräsentation. Rubens schuf für den neu erbauten Pariser Witwensitz von Maria de' Medici, den Palais du Luxembourg, eine aus 24 Gemälden bestehende Bildfolge, in der die politische Karriere der Auftraggeberin eine rechtfertigende, auf die aktuellen Zwänge abgestimmte Bilanzierung erfährt. Eine weitere, dem verstorbenen König Heinrich IV. gewidmete Folge, die als Pendant im zweiten Galerieflügel des Palastes vorgesehen war, kam nicht mehr zustande. Liefern konnte Rubens jedoch die Deckenbilder für den Festsaal des Banqueting House in London. In ihnen gelangen Allegorien der Regierung von König Jakob I., dem Begründer der Stuartdynastie, zur Darstellung.

In Madrid bildete der Salón de Reinos im ausgedehnten Palast- und Parkkomplex der Nebenresidenz des Buen Retiro ein Zentrum für die Selbstdarstellung der spanischen Habsburgerdynastie, die seit dem frühen 16. Jahrhundert regierte. Seinen Namen verdankt der «Saal der Königreiche» den zahlreichen Wappen am Gewölbe, durch die der erdumspannende Herrschaftsbereich des Monarchen ideell abgesteckt wird. Die Gemäldeausstattung befindet sich nicht mehr vor Ort, ist aber im Museum vollständig erhalten und soll künftig wieder in dem langgestreckten, galerieartigen Raum installiert werden. Mit den Bildserien beauftragte Philipp IV. ab 1634 mehrere Maler, wobei das Programm maßgeblich von dem mächtigen Ersten Minister des Königs, dem Herzog von Olivares, verantwortet wurde.

In den Bildserien, die den Raum schmückten, sind Porträt, Mythos und Zeitgeschichte synchronisiert und damit in beispielhafter Weise drei unterschiedliche Formen der Herrscherpanegyrik vorgeführt. An den beiden Schmalseiten hingen die Reiterbildnisse der Königsfamilie von der Hand Velázquez'. Sie führten mit den Eltern des Königs, dem regierenden Königspaar und dessen Sohn drei Generationen zusammen und kündeten so von der Kontinuität der Dynastie. An den Längswänden waren in zwölf großen Schlachtenbildern die militärischen Erfolge ausgebreitet, die unter der Regierung Philipps IV. errungen worden waren. Hauptprotagonisten dieser Kampfszenen sind die spanischen Generäle, denen meist nach dem gleichen Schema ein Auftritt im Vordergrund vor dem Schlachttableau verschafft wird. Mit der berühmten Darstellung der «Übergabe von Breda», die wiederum von Velázquez beigesteuert wurde und die Respektbezeugung des spanischen Feldherrn gegenüber dem Kommandanten der flämischen Stadt zeigt, erhob sich im Schlachtenreigen eine versöhnliche Einzelstimme.

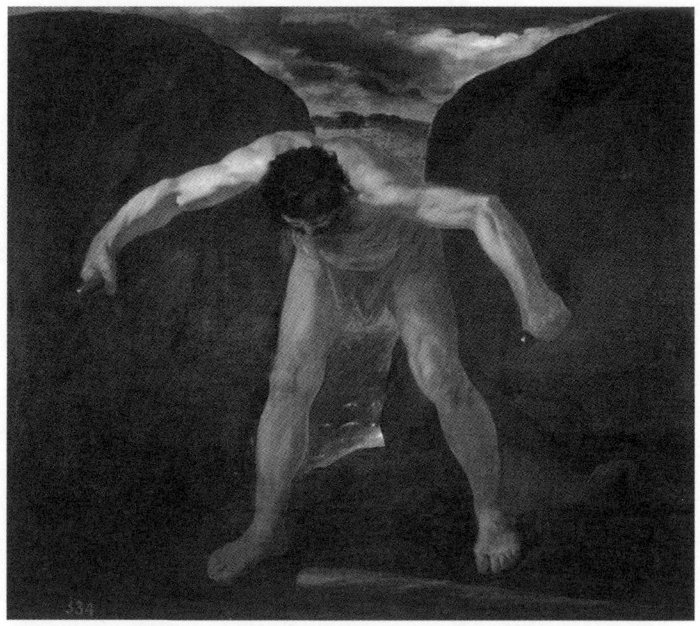

17 Francisco Zurbarán, *Herkules teilt den Fluss Alpheus*, 1635. Madrid, Museo del Prado.

Der zeitgeschichtliche Themenkreis wurde schließlich unterbrochen durch kleinformatigere Darstellungen der sogenannten Herkulesarbeiten von Francisco Zurbarán (Abb. 17). Der mythische Heros, der sich hier in auftrumpfenden, vehementen Posen präsentiert, diente traditionell als Exempel fürstlicher Tugenden und manchmal – so auch bei den Habsburgern – zur Verlängerung der Genealogie bis in die sagenhafte Frühzeit. Für zeitgenössische Betrachter mochte der Herkules in den zwischen die Schlachten eingefügten mythologischen Darstellungen eher für die spanischen Kommandeure als für den Monarchen einstehen. Diese offenbar bewusste Ambivalenz konnte über die nicht gerade glanzvollen militärischen Leistungen Spaniens in den späteren Regierungsjahren Philipps IV. leichter hinwegsehen lassen.

Nicht nur aus dem heutigen historischen Abstand können die ikonographischen Programme der adeligen Repräsentation manchmal rätselhaft sein. Selbst der enzyklopädisch gebildete Architekturtheoretiker Leonhard Christoph Sturm musste sich in einem Pariser Kabinett mit der Einsicht begnügen: «Die Decke enthält etwas Mythisches oder Symbolisches.» Der moderne kritische Blick geht auch gegenüber Geschichtsvisionen auf Distanz, in denen wie in den beschriebenen Ehrensälen ganz unverkennbar der Geist der Glorifizierung, der Anspruch der Affirmation und das Einvernehmen mit dem Erfolg walten. Aber es würde zu kurz greifen, hier nur einen schlichten Gegensatz von Anspruch und Wirklichkeit, von gemalter Glorie und zeitgenössischen Nöten zu konstatieren. Zunächst würde dies den komplexen argumentativen Gehalt der Programme verkennen. Darüber hinaus ist zu bedenken, dass die visuelle Panegyrik, also die ins Bild gesetzte Lobrede, gar nicht auf eine Darlegung der historischen Situation hinaus will, sondern ein grundsätzlich mahnendes Anliegen verfolgt. Panegyrik sollte nicht geschichtliche Realität, sondern politische Normen zum Ausdruck bringen und die Leitlinien des politischen Denkens und Handelns derjenigen erkennbar machen, die an der Spitze der Gesellschaftshierarchie Fuß gefasst hatten. Vor allem aber sollte der Fürst durch die Panegyrik ermahnt werden, seiner Glorifizierung auch zu entsprechen. Bereits Erasmus von Rotterdam hat dem Fürsten in einer Lobschrift diese panegyrische Falle gestellt: Er wolle ihn durch das Bild der Tugend bessern und ihn unter dem Vorwand des Lobes zum Guten auffordern. Und noch Voltaire hat diese Ansicht vom Sinn des Herrscherlobes geteilt. In seiner Kulturgeschichte der Ära Ludwigs XIV., dem «Siècle de Louis XIV» (1751), stellt er fest, der Monarch habe die Lobreden geliebt – und es sei zu wünschen, dass jeder König sie liebe, weil er sich dann anstrenge, sie auch zu verdienen.

Kunst als Mittel der Macht: Das Beispiel Versailles

Nicht erst seit dem Zeitalter des globalen Massentourismus, jährlich sind etwa drei Millionen Schlossbesucher zu verzeichnen, steht der riesige Residenzkomplex Ludwigs XIV. als Synonym für die barocke Hofkultur. Bereits der Erbauer hatte Versailles, das 1682 Paris als offiziellen Sitz des Hofes ablöste, auch auf die internationale Außenwirkung hin berechnet. Mehr als andernorts und mehr als je zuvor war die Hofkunst Ludwigs XIV. an ausländische Potentaten und deren Botschafter adressiert, und umgekehrt wurde von diesen Versailles als Modell angesehen, dem es nachzueifern galt.

Schon die Entstehungsgeschichte folgt den innen- und außenpolitischen Konjunkturen der Regierung des Sonnenkönigs. Als Ludwig XIV. im Jahr 1661 nach dem Tod des Kardinalministers Mazarin die Regierungsgeschäfte selbst übernahm, wurde unverzüglich der Ausbau der Residenz in Versailles beschlossen. Das alte Jagdschloss Ludwigs XIII. bildete den Nukleus der neuen, stetig erweiterten Residenz. Gemäß dem Wunsch des Königs wurde der vom Vater errichtete Altbau in der «Cour de marbre» wie ein vererbtes Schmuckstück in den überarbeiteten Fassaden bewahrt, um die dynastische Kontinuität sichtbar zu beglaubigen. Die Künstler der ersten Stunde, den Architekten Louis Le Vau, den Gartenarchitekten André Le Nôtre und den Maler Charles Le Brun, hatte Ludwig XIV. von seinem entmachteten Finanzminister Nicolas Fouquet, für den sie das Schloss von Vaux-le-Vicomte errichtet und ausgestattet hatten, in den Hofdienst übernommen. Das Engagement der ehemals für Fouquet tätigen Künstler signalisierte den Anspruch, dass der Monarch der erste Mäzen im Staat zu sein habe.

Auch die spätere Baugeschichte von Versailles ist immer wieder vom Rhythmus politischer Ereignisse skandiert: In der Folge des Friedens von Aachen 1668 erfolgte nach den ersten, eher zögernden Ausbauten eine offensive Erweiterungskampagne; nach dem Frieden von Nijmegen 1679 wurde die Spiegelgalerie, in deren Deckenbildern die außenpolitische Hegemonie Frank-

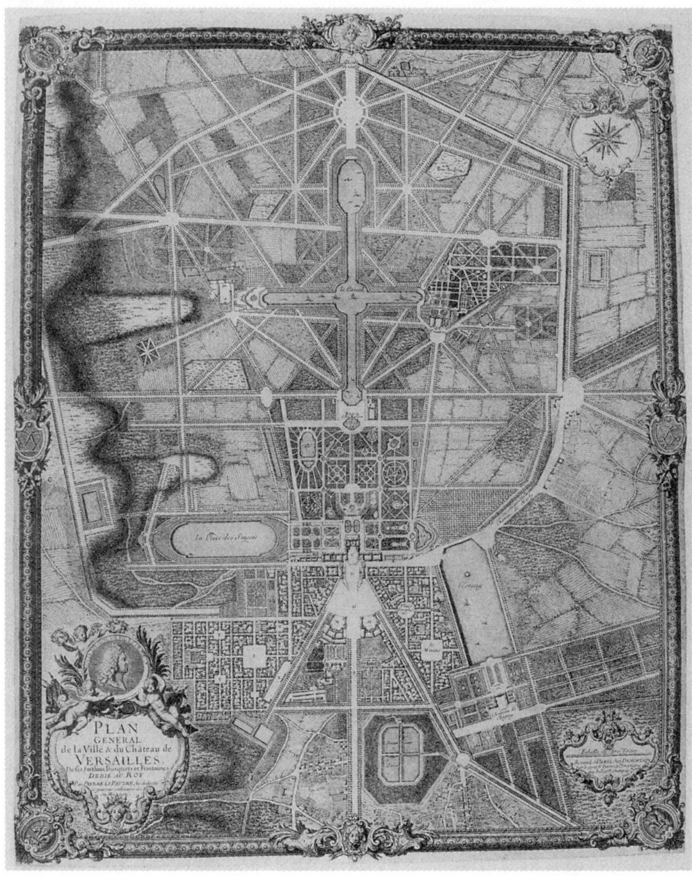

18 Pierre Le Pautre, Gesamtplan von Stadt, Schloss und Park in Versailles, um 1690.

reichs gefeiert wird, errichtet (Abb. 23, S. 73). Erst nach der Widerrufung des Toleranzediktes von Nantes 1685 und der darauf folgenden Hugenottenverfolgung erhielt die Residenz eine eigene, im äußeren Erscheinungsbild markant hervortretende Hofkirche. Die lange, von stetigen Erweiterungen und Veränderungen geprägte Geschichte von Versailles stellt sich als gebaute

Chronik der über ein halbes Jahrhundert währenden Regierung Ludwigs XIV. dar.

Ein Blick auf den Plan (Abb. 18) macht nicht nur die überwältigenden Dimensionen von Versailles klar, sondern vermittelt auch einen Eindruck davon, wie bei der Gesamtanlage mit dem Mittel rigoroser Geometrisierung operiert wurde. Der Schlossbau mit dem mehrfach gestaffelten Ehrenhof und den seitlich ausgreifenden Trakten liegt als Scharnier zwischen Stadt und Park. In der Residenzstadt durchschneidet ein mit Alleen bepflanzter Dreistrahl das Straßenraster und führt über die Hofstallungen auf das Schloss zu. Der Garten jenseits des Schlosses ist durch eine Abfolge unterschiedlicher Zonen gegliedert, die als solche bereits zum Repertoire der Gartenarchitekten gehörten, nun aber innerhalb immenser Dimensionen anzuordnen waren. Vom Schloss aus in der Pflanzhöhe ansteigend folgten auf die Blumen- und Wasserparterres die mit gestutzten Hecken bepflanzten Boskette und schließlich die Waldzonen im Bereich des Kanalkreuzes, die in die Wälder des Umlandes übergehen. Alle drei Bereiche werden von einer einzigen Hauptachse durchmessen. Die Erschließung durch Längs-, Diagonal- und Querachsen erfolgt in Stadt und Park analog. Die mit geschlossenen Hausfronten umbauten städtischen Plätze finden in den mit haushohen Hecken eingefassten Gartenkabinetten ihre Entsprechung. Funktional lassen sich diese zum Teil mit Kolonnaden und Treppen ausstaffierten Kabinette, die der zeremoniell reglementierten Begegnung mit dem Monarchen im Rahmen von Festlichkeiten oder Ausfahrten dienten, als Fortsetzung des Schlosses unter freiem Himmel verstehen.

Für die gedanklichen und ideologischen Prämissen der Pläne, die in Versailles verwirklicht wurden, kann eine Schilderung von René Descartes die Augen öffnen. Die Überlegung, die der Philosoph in seinem «Discours de la méthode» (1637) anstellt, geht der Entstehung von Versailles zwar einige Jahrzehnte voraus, aber aus Descartes' Vergleich zwischen einer historisch gewachsenen Stadt und einer neu errichteten Planstadt werden schlagartig die Kriterien einer gänzlich auf Rationalität begründeten Planung deutlich: «Einer der ersten Gedanken führte mich auf die Überlegung, dass Werke, die aus mehreren Stücken bestehen und von der Hand verschiedener Meister stammen, häufig nicht so vollkommen sind wie die Arbeiten eines einzelnen. So kann man beobachten, dass Bauten, die ein Architekt allein unternommen und ausgeführt hat, für gewöhnlich schöner und harmonischer sind als solche, die mehrere versucht haben umzuarbeiten. Ebenso sind jene alten Städte, die erst im Laufe der Zeit zu Städten geworden sind, verglichen mit jenen regelmäßigen Plätzen, die ein Ingenieur nach freiem Entwurf auf einer Ebene absteckt, für gewöhnlich ganz unproportioniert, und man muss sagen, dass ihre Häuser eher der Zufall so verteilt hat und nicht die Absicht vernünftiger Menschen.» Aus dem Geist der Vernunft plädiert Descartes für eine Planungsmethode, die in Versailles Realität wurde. Er zeichnet das Bild von einem Bauherrn, der über die Bedingungen, die ihm Geschichte und Topographie auferlegen, erhaben ist und dem es gelingt, mit den Mitteln der Bürokratie dem staatlichen Ordnungswillen zur Durchsetzung zu verhelfen.

Die Herrschaft über Zeit und Raum gewinnt im figürlichen Ausstattungsprogramm der Residenz eine eminente Anschaulichkeit. Sie wird personifiziert durch die Gestalt des Sonnengottes Apoll, den sich der *Roi soleil* als mythologische Identifikationsfigur gewählt hatte. Beide Dimensionen, Raum und Zeit, werden durch die Ikonographie und die Lage dreier Brunnen, die im Garten entlang der Mittelachse platziert sind, miteinander verschränkt. In dem zwischen Boskett und Kanal gelegenen «Bassin d'Apollon» fährt der Sonnengott auf dem Pferdegespann mit Getöse aus dem Wasser hoch, um im Tageslauf die Sonnenbahn zu durchmessen. Das Programm des der Parterrezone vorgelagerten Latonabrunnens ist einer Kindheitsepisode des Gottes gewidmet. Die ehemals am Schloss gelegene Thetisgrotte, von der sich nur die Statuengruppen erhalten haben, markiert den Endpunkt der Tagesreise (Abb. 19): Die von François Girardon geschaffene Hauptgruppe stellt die jugendliche, von Meeresnymphen umsorgte Gottheit dar, die sich im Ozean zur Nachtruhe begibt, bevor sie am nächsten Morgen ihr Tagwerk von neuem beginnt. Für die Gestaltung der Sitzfigur hat

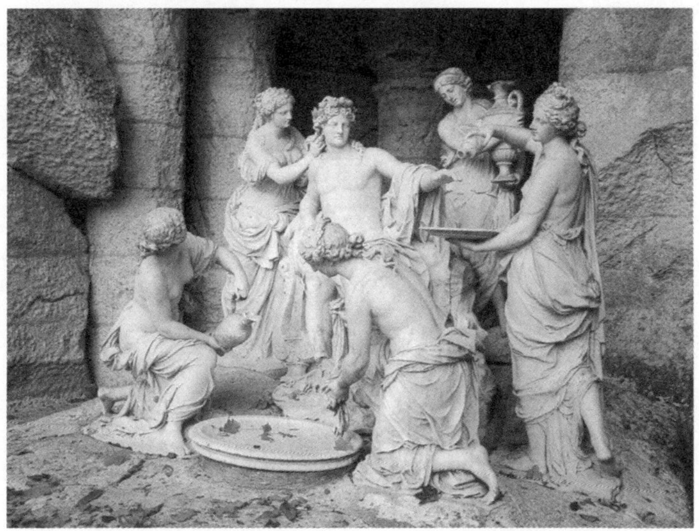

19 François Girardon, Apoll und die Nymphen. Statuengruppe aus der Thetisgrotte von Versailles, 1666–1676.

Girardon auf das antike Vorbild des Apoll von Belvedere zurückgegriffen, die er aber in einen szenischen Zusammenhang eingefügt hat.

Durch die drei Brunnenanlagen wird ein weit über den Garten gespannter Bogen geschlagen. Dabei ist der im Brunnenensemble dargestellte mythische Zeitverlauf für den Betrachter, der im Garten umherwandert, verräumlicht. In analoger Weise wird in der Spiegelgalerie die Zeitgeschichte in die Raumdimension überführt (Abb. 23). Hier ist es die am Gewölbe dargestellte Chronologie der Regierung Ludwigs XIV., die der Betrachter, der vom Eingang kommend auf den Thron an der gegenüberliegenden Schmalseite zusteuert, räumlich durchmisst. Eine Besuchsanweisung für die Gärten von Versailles, für die Ludwig XIV. selbst als Autor zeichnete, macht ersichtlich, dass der Monarch den Gedanken der Raumbeherrschung als vorrangig erachtet hat. In seiner «Manière de montrer les jardins de Versailles» verliert er kein Wort über die Bedeutung der einzelnen Parkskulpturen, wie wir es von einem solchen Gartenführer erwarten würden. Statt dessen entwirft er einen präzisen Routenplan, anhand dessen der Besucher zu den einzelnen Stationen des Parks dirigiert werden soll. Die Verfügung über den Parkraum und die Lenkung der Bewegungen des Betrachters erweisen sich für Ludwig XIV. als entscheidende Faktoren bei der Wahrnehmung der Ordnungskonzeption der Residenz. Ganz entsprechend zielte das höfische Zeremoniell darauf ab, die Bewegungsfreiheit des Höflings auf der höfischen Bühne zu reglementieren.

Bürgerliche Sphäre und Widerstand

Die Republiken, die sich als selbständige Territorial- oder Stadtstaaten gegenüber den mächtigen Fürstenstaaten behaupten konnten und sich damit dem historischen Trend hin zu großflächigen Nationalmonarchien widersetzten, standen diesen an Repräsentationsbedarf nicht nach. Auch sie verfolgten eine Strategie der visuellen Vermittlung ihrer Politik, die auf den Konsens zwischen Obrigkeit und Untertan zielte und sich dabei ebenfalls einer panegyrischen Bildsprache bediente. Darüber hinaus machten sich die patrizischen Oligarchien, die in den Republiken das Sagen hatten, bei der Staatsrepräsentation inhaltliche Konventionen zu eigen, die sie von den Fürsten abgeschaut hatten und die letztlich allen politischen Differenzen zum Trotz nicht durchbrochen wurden.

Eines der anspruchsvollsten und umfangreichsten kommunalen Bauprogramme des Barock wurde in Augsburg verwirklicht. Die Entwürfe für die neuen Befestigungsanlagen und die meisten öffentlichen Bauten, die im Zuge dieser Kampagne errichtet wurden, stammen von dem damaligen Stadtarchitekten Elias Holl. Den Startschuss für das gesamte urbanistische Erneuerungsunternehmen gab der 1594 auf dem Rathausplatz errichtete Augustusbrunnen, der selbstbewusst die römischen Ursprünge der Stadt unter der Regierung des Kaisers Augustus herausstellte und damit auch den Status Augsburgs als Freie Reichsstadt, die nur die kaiserliche Oberherrschaft im Verband des Heiligen Römischen Reiches anerkannte, historisch unter-

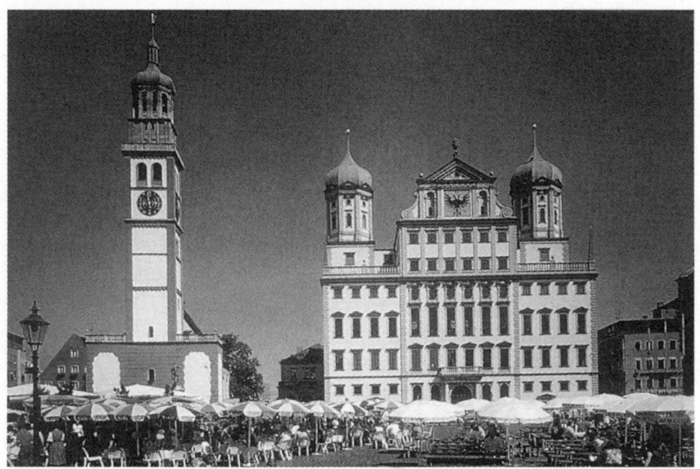

20 Ansicht vom Rathausplatz in Augsburg mit Rathaus (1614–1620) und Perlachturm (1614–1616).

mauerte. Zwei weitere, ebenfalls mit Bronzestatuen bestückte Prachtbrunnen wurden an der städtischen Hauptachse postiert. Auch sie nahmen programmatisch Bezug auf die antiken Anfänge der Stadt und setzten darüber hinaus die Wohlstand stiftenden Tugenden des Handelspatriziats ins rechte Licht.

In dichter Folge entstanden mit dem Bäckerzunfthaus, dem Zeughaus, dem Siegelhaus, dem Rathaus, dem Stadtturm, einem Schlachthaus, einem protestantischen Gymnasium, einem Zunfttanzhaus und einem Spital eindrucksvolle, stilistisch einheitliche und bis heute das Stadtbild prägende öffentliche Gebäude. Das Rathaus ist vielleicht der großartigste Vertreter dieses Bautypus aus der ganzen Epoche (Abb. 20). Am Rathausplatz ragt der Bau neben dem Zunftfesthaus, dem Augustusbrunnen und dem städtischen Campanile des Perlachturmes auf. Die ehrfurchtgebietende Baumasse ist mit strengster Disziplin durch die Rhythmisierung und Rahmung der Fenster und durch eine markante Dachsilhouette gegliedert. Die dorische Säulenordnung beschränkt sich auf das Portal, auf dessen Balkon sich die Stadtautoritäten präsentieren konnten, und auf die

Pilasterrahmen des oberen Giebelfeldes mit dem Doppeladler, der die Reichsstadt symbolisiert. In der schieren Disposition der Baumasse findet das Rathaus am ehesten seine Parallelen in monumentalen Kollegienbauten wie dem nur wenige Jahre früher unter den Wittelsbacherherzögen errichteten Jesuitenkolleg in München oder dem Collegio Romano in Rom. Das Motiv der Doppeltürme lässt sich aus dem Schlossbau herleiten, oder es könnte auch auf einer Rekonstruktion des Bautypus der antiken Basilika nach Vitruv beruhen, nach der die römischen Gerichtshallen ebenfalls zwei Türme besessen haben sollen.

Im Inneren sind die Räumlichkeiten in einen höchst funktionalen, symmetrisch angelegten Grundriss eingefügt. Der riesige Ratssaal nimmt die ganze Tiefe des Baukörpers ein und ragt bis in die Dachlandschaft empor. Bei der Errichtung des Baus noch am Vorabend des Dreißigjährigen Krieges spekulierte man darauf, an die Tradition der Augsburger Reichstage anzuschließen. An der Ausstattung fällt auf, dass den Stadtoberen der konfessionell paritätisch regierten Stadt ganz offensichtlich an Neutralität gelegen war. Religionspolitisch brisante Inhalte wurden zugunsten einer Darstellung der Guten Regierung umgangen. Dass die Staatsform der Republik viel mit oligarchischer Machtausübung, aber nichts mit breiterer politischer Partizipation zu tun hatte, illustriert ein Wandgemälde in einem der Fürstenzimmer des Rathauses, das die Demokratie darstellt (Abb. 21). Bereits das lateinische Motto weist dem Betrachter die Richtung: «Die Herrschaft der Vielen ist eine schlechte Sache.» Noch während der Volkstribun die Anträge verliest, fahren in der Menge schon die Hände im vorschnellen Urteil zur Zustimmung in die Höhe. Die langen Schwerter, die manche in der Volksversammlung tragen, lassen ahnen, dass die demagogischen Reden jederzeit in Gewalt umschlagen können. Das dem demokratischen Plebiszit benachbarte Bild zeigt hingegen mit der Darstellung der Aristokratie («Weder einer noch alle») die von den Augsburger Ratsherrn favorisierte Form der Verfassung. Dort werden die Entscheidungen in einem von der Garde bewachten Hinterzimmer getroffen.

Nur in einem Ausnahmefall konnte die bereits im 16. Jahr-

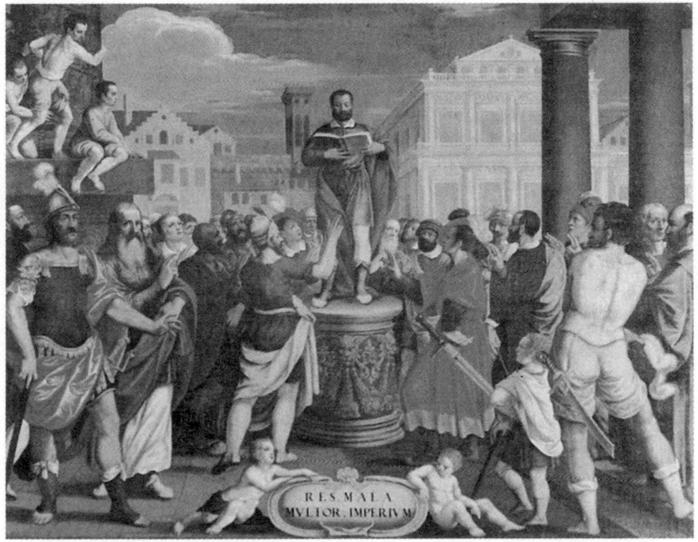

21 Johann König, Darstellung der Demokratie in einem Fürstenzimmer des Augsburger Rathauses, 1622/24.

hundert formulierte Theorie des politischen Widerstandes zur offiziellen Staatsideologie erhoben werden. Dies war in den nördlichen Niederlanden der Fall, die sich in jahrzehntelangem Freiheitskampf gegen die spanische Oberherrschaft behaupteten. So war die «Verschwörung der Bataver unter Claudius Civilis», die Rembrandt 1661 für den Hauptversammlungsraum des neuen Amsterdamer Rathauses, den «Burgerzaal», malte, als bildliche Rechtfertigung des niederländischen Befreiungskrieges konzipiert (Abb. 24, S. 74). Das Bild greift thematisch den bei Tacitus geschilderten Beginn der Verschwörung gegen die römische Besatzungsmacht auf sowie dessen Beschreibung der germanisch-batavischen Tugenden, die als frühe Manifestation der niederländischen Freiheitsliebe gelten konnten. Von dem Wandgemälde, das ehemals über fünf Meter in der Breite maß, ist nur das Mittelstück erhalten geblieben. Dargestellt ist der Augenblick, in dem die Verschwörer die Schwerter zum

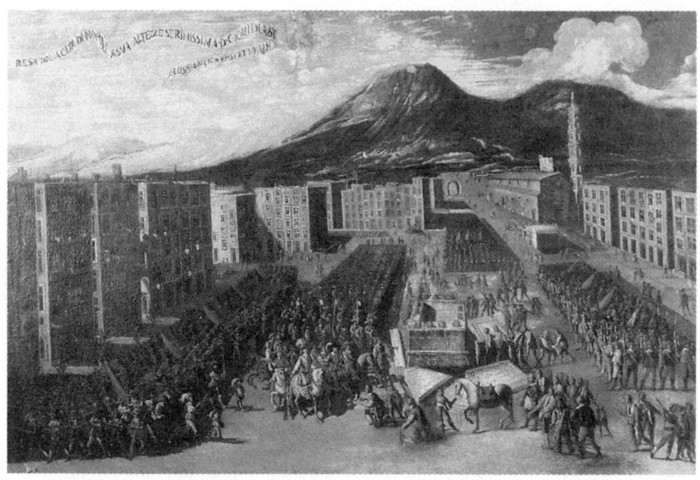

22 Carlo Coppola, *Einzug Don Juans d'Austria auf der Piazza Mercato 1648*, vor 1658. Neapel, Museo Nazionale di San Martino.

Freiheitsschwur kreuzen. Das späte Werk Rembrandts setzt die düstere, konspirative Dramatik des Vorgangs durch die irreale Beleuchtung in Szene. Die Präsenz der Personen und Gegenstände wird durch die pastosen, mit sattem Pinsel aufgetragenen Malschichten geheimnisvoll verschleiert.

Die Geschichte der Bilder, auf denen die zahllosen frühneuzeitlichen Aufstände dargestellt wurden, und die Geschichte des Umgangs mit Bildern im Zuge dieser Revolten ist nur in Ansätzen geschrieben. Die Reformation und der Bauernkrieg, der Kampf der Schweizer Eidgenossenschaft gegen die habsburgische Oberherrschaft und der Aufstand der Niederlande gaben bereits im 16. Jahrhundert bildliche Formulierungen für spätere Darstellungen von Aufständen vor. Einen überaus vielfältigen bildlichen Niederschlag fand die Masaniello-Revolte, die im Sommer 1647 Neapel in Aufruhr versetzte und in ganz Europa für Aufsehen sorgte. Der Aufstand richtete sich gegen die spanische Oberherrschaft im süditalienischen Vizekönigreich von Neapel. Durch ein Denkmal sollte in spektakulärer Weise der zeitweilige Erfolg des Aufstandes verewigt werden. Geplant war eine Art Verfassungsdenkmal, an dem die neuen Privilegien, die man den spanischen Oberherren abgerungen hatte, als Inschrifttafeln angebracht werden sollten. Die endgültige Niederschlagung des Aufstandes vereitelte das begonnene Vorhaben jedoch. Ein Gemälde zeigt den Einmarsch der spanischen Truppen und die Übergabe der Stadtschlüssel (Abb. 22). Der Reiteraufzug zieht an den Trümmern des Denkmals vorbei, auf dessen Sockel die abgeschlagenen Köpfe der Aufständischen zur Schau gestellt sind. Die Denkmalreste wurden später in einem noch heute bestehenden Brunnen verbaut, der vom Vizekönig als Schanddenkmal errichtet wurde. Wie viele andere Zeugnisse dokumentieren die Bilder des Masaniello-Aufstandes, dass die visuelle Überlieferung des Widerstandes fast nur im Spiegel des Triumphes der wachsenden Staatsgewalt existiert.

V. Künste und Konfessionen

Seit der Reformation war der christliche Glaube ein umstrittenes und umkämpftes Gut geworden. Mehr als je zuvor stand er im Spannungsfeld von Religion und Konfession. Individueller Glaube (*fides*) ist auf Traditionsüberlieferung sowie auf kirchlich geregelten Glaubensvollzug (*religio*) angewiesen, der wiederum der Bildung der auf einem kollektiven Bekenntnis (*confessio*) gegründeten religiösen Gruppen Vorschub leistet. Seit der zweiten Hälfte des 16. Jahrhunderts erhielt der Vorgang der Konfessionsbildung zusätzliche Brisanz dadurch, dass sich die weltlichen Mächte die Bildung rivalisierender Konfessionsblöcke für ihre eigenen Ziele zu Nutzen machten. Im Zeitalter der religiös motivierten Bürgerkriege galt eine konfessionell vereinheitlichte Untertanenschaft als Fundament staatlicher Stabilität, wobei katholische und protestantische Staaten zur Durchsetzung solcher Einheit verwandte Strategien ergriffen.

Es liegt auf der Hand, dass alle Konfessionen zur Vermittlung ihrer Lehre, zur Sammlung ihrer Anhänger und zur gegenseitigen Abgrenzung auf die medialen Mittel von Kunst und Architektur angewiesen waren. Für einzelne Konfessionen wurden die Funktionen von Bildern und die Anforderungen an diese durch Dekrete und andere autoritative Schriften festgeschrieben. Für die künstlerische Praxis des Barock erweist sich aber das auf der Rhetorik basierende Bildverständnis als letztlich einflussreicher. Der Auftrag an das Historienbild, den Betrachter zu überzeugen und an ihn zu appellieren, galt auch für die Sakralkunst und wurde bisweilen durch konfessionell begründete Verordnungen noch zusätzlich untermauert. Auf einen ähnlichen Befund trifft man im Kirchenbau. Hier hatten sich Bautypen und ein klassisches Formenrepertoire etabliert, die weitestgehend für alle Konfessionen verbindlich waren, aber regional variiert wurden. Innerhalb dieses Rahmens manifestiert sich in der barocken Sakralkunst aber eine erstaunliche Pluralität religiöser Kulturen. Die Zersplitterung der einst einheitlichen *Christianitas* war sogar innerhalb der einzelnen Konfessionen kleinteilig. Katholizismus und Gallikanismus, Anglikanismus, Luthertum und Calvinismus fächerten sich in weitere Sondergruppen auf. Die regionalen Unterschiede in Kirchenorganisation, Theologie und Frömmigkeitspraxis nahmen dann auch Einfluss auf das Erscheinungsbild der Sakralbauten.

Monument der Staatskirche: Die Karlskirche in Wien

In den Jahrzehnten um 1700 entstand in einigen europäischen Metropolen eine Gruppe von imponierenden Kirchenbauten, an denen sich die Verkettung von Staat und Religion besonders eindrucksvoll dokumentiert. Zu diesem Kreis sakraler Staatsbauten zählt die Kuppelkirche, die seit 1716 nach Plänen von Johann Bernhard Fischer von Erlach in Wien errichtet wurde. Im Jahr 1736 wurde sie dem 1610 kanonisierten Mailänder Pestheiligen und Reformbischof Carlo Borromeo geweiht (Abb. 27, 28). Die Votivkirche geht zurück auf ein Gelöbnis Kaiser Karls VI., der sie seinem Namenspatron für die Errettung des Landes von der Pestepidemie gestiftet hatte. Zugleich sollte mit der Kirche des 1714 geschlossenen Friedens nach dem über

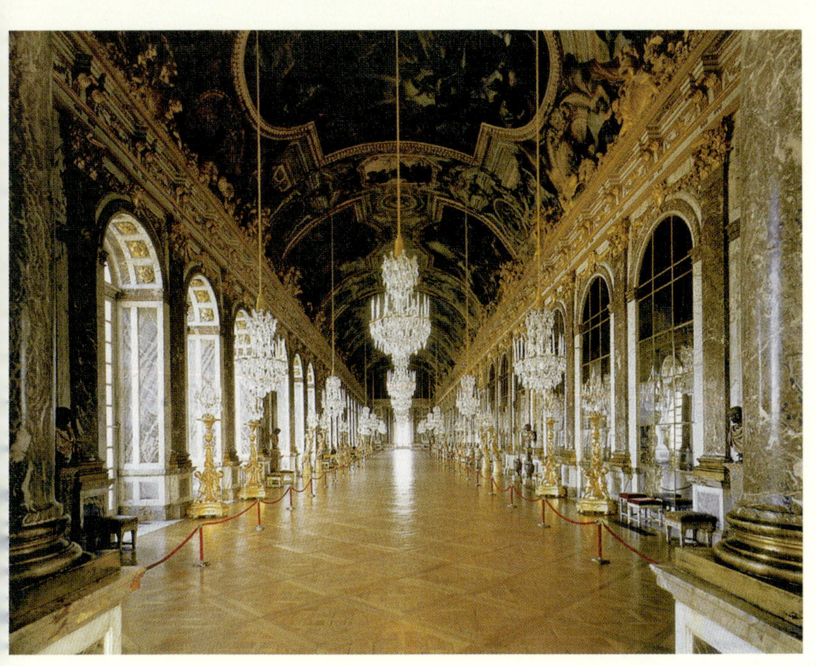

23 Blick in den Spiegelsaal des Schlosses Versailles.

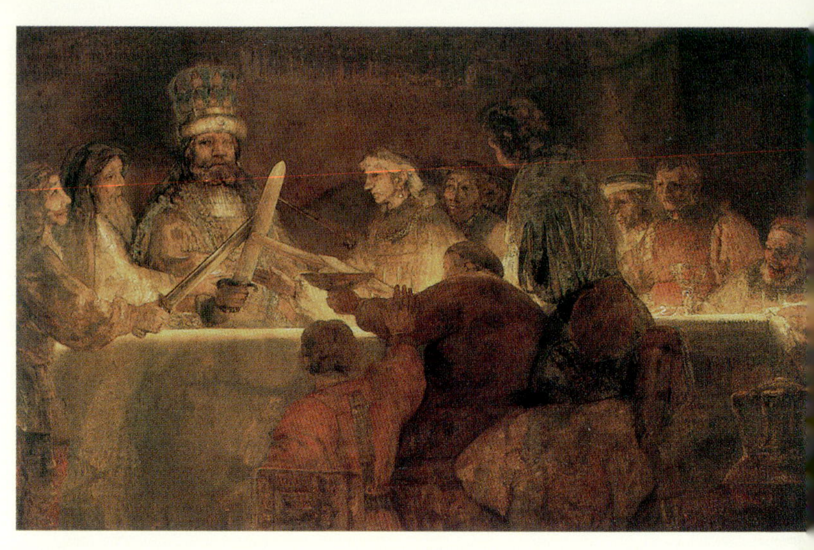

24 Rembrandt van Rijn, *Die Verschwörung des Claudius Civilis*, 1661, Stockholm, Nationalmuseum.

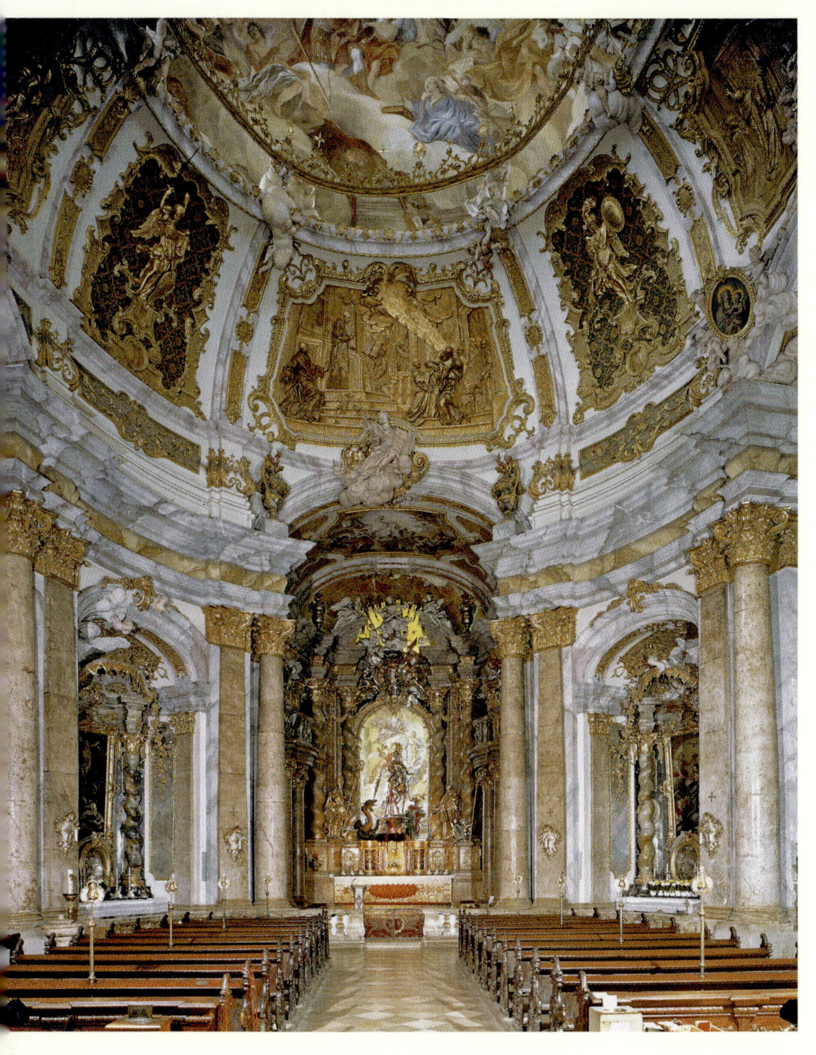

25 Cosmas Damian und Egid Quirin Asam, Klosterkirche Weltenburg, 1716–1723.

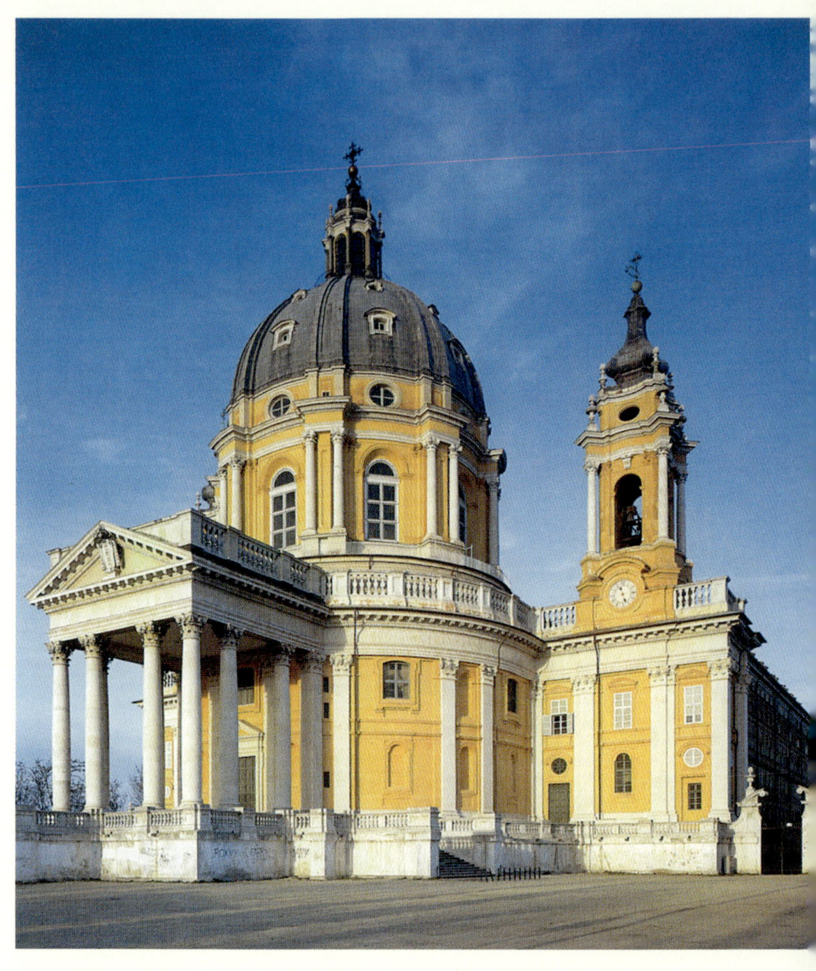

26 Filippo Juvarra, Kirche des Klosters Superga bei Turin, 1717–1730.

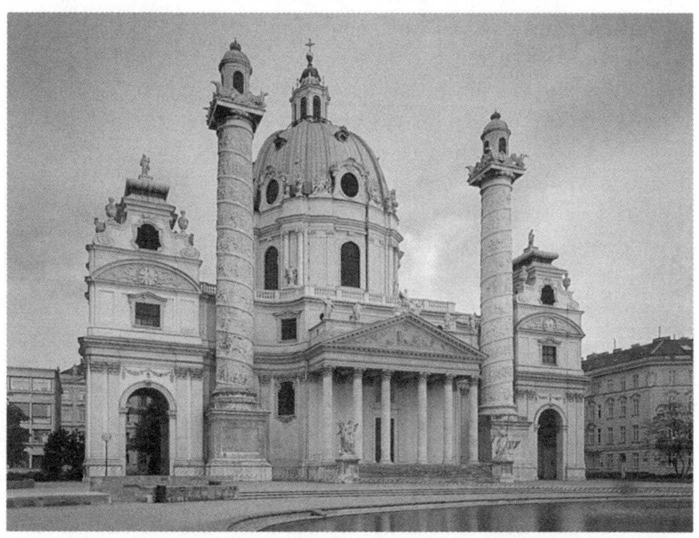

27 Johann Bernhard Fischer von Erlach, Karlskirche in Wien, 1716–1736.

ein Jahrzehnt währenden Spanischen Erbfolgekrieg gedacht werden. Dem kirchlichen Bauunternehmen waren also von Anfang an die politischen Absichten des Bauherrn mitgegeben, der die Kirche nach eigenem Bekunden dem Kaiserhaus und den Provinzen des Reichs gewidmet hatte. An der berühmten Schaufront verweisen alle Elemente auf den kaiserlichen Stifter zurück. Keine andere Barockfassade kehrt in diesem Maße die symbolischen Bedeutungen und die vielstimmige Redefähigkeit der Architektur nach außen. Dies verdankt sich nicht nur dem vom Kaiser und dessen Beratern vorgegebenen Bauprogramm, sondern auch der historischen Gelehrsamkeit eines Architekten, der mit dem «Entwurff einer historischen Architektur» (1721) ein Tafelwerk zur Weltarchitektur publizierte. Der Horizont des Buches reicht von den legendären Gründungsbauten der antiken Hochkulturen bis zu Fischer von Erlachs eigenem Œuvre, und dieser geschichtliche Horizont findet sich auch in der Karlskirche wieder.

Die Schaufront ist, wie auch am Grundriss abzulesen (Abb. 28), als separater, mehrteiliger Baukörper dem Kirchenschiff vorgestellt, aber mit dessen hoher Kuppel zugleich zu einer visuellen Einheit verbunden. An ihr verschränken sich politische und religiöse Bedeutungsebenen in komplexer Weise. Der weltlich-triumphale Gehalt der Schaufront zeigt sich schon daran, dass Fischer von Erlach ihre Hauptelemente bereits im Entwurf für einen dem Kaiser gewidmeten Triumphbogen vorweggenommen hatte. Bei den Doppelsäulen kommen alttestamentliche, imperiale und katholisch-konfessionelle Sinnschichten zusammen. Zunächst erscheinen sie als regelrechtes Architekturzitat, das auf den Tempel Salomons verweist. Nach der alttestamentlichen Beschreibung im Buch der Könige sollen zwei Monumentalsäulen vor der Tempelfront gestanden haben; auch Fischer von Erlach stellt sie in seinem Tafelwerk im Rahmen der Rekonstruktion des weitläufigen Tempelbezirks dar. In ihrer formalen Ausprägung nehmen die Säulen der Karlskirche unverkennbar den Typus der römisch-antiken Ehrensäulen auf, die in Rom im Zuge der Stadtplanung unter Sixtus V. freigeräumt und zu christlichen Siegeszeichen umfunktioniert worden waren. Das Motiv der Doppelsäule hatte seit Karl V. Eingang in die Habsburgerikonographie gefunden. Zusammen mit dem Motto «Plus ultra» («Darüber hinaus») bezeichneten sie die bei Gibraltar lokalisierten Säulen des Herkules, mithin die Ansprüche der Habsburger auf Spanien und über dessen Grenzen hinaus auf das spanische Weltreich. Diese imperiale Bedeutung der Säulen wird an den Exemplaren der Karlskirche durch die Bekrönungen der Laternen mit der Reichskrone und durch die am Fuß der Laternen angebrachten vergoldeten Reichsadler unmissverständlich klar gemacht.

Die Säulenschäfte zieren spiralförmig sich nach oben windende Reliefs mit Szenen aus der Vita des heiligen Carlo Borromeo und mit Darstellungen von dessen postumen Wundertaten. Einer geläufigen Deutung der Säulenordnung gemäß verweisen die beiden Säulen auch auf die Haupttugenden des Heiligen, dessen Stärke und Beständigkeit. Die ehrende Vergegenwärtigung des Mailänder Bischofs zeigt über die gläubige Verehrung

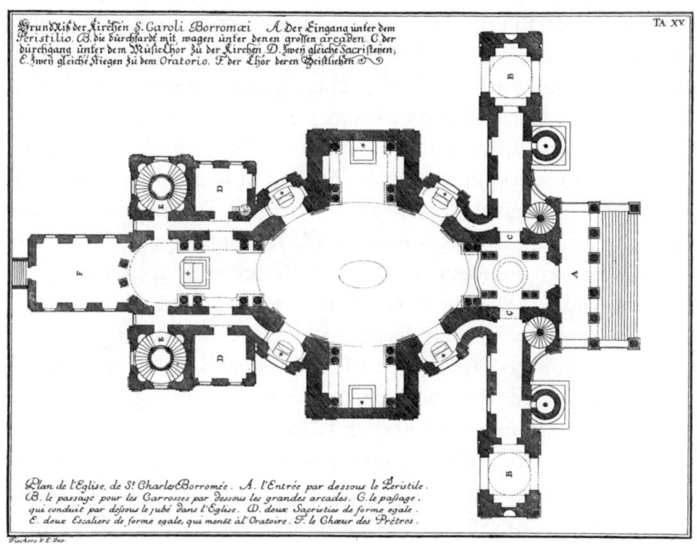

28 **Grundriss der Karlskirche in Wien aus dem *Entwurff einer historischen Architektur* von Johann Bernhard Fischer von Erlach, 1721.**

des Stifters gegenüber dem damals populären Kirchenpatron hinaus, dass man den Besitz der Lombardei, die mit der Schlacht von Turin endgültig an Wien gefallen war, beglaubigen wollte. Die Fassade der Karlskirche stellt sich so als ein bedeutungsschweres Schaubild dar. Dabei gehört es zu den besonderen Qualitäten der Konzeption, dass die als heterogen erscheinenden Elemente mit all ihrem historischen Anspielungsreichtum stets auf die aktuelle staats- und religionspolitische Situation nach dem Ende des Spanischen Erbfolgekrieges bezogen und zu einer Synthese geführt sind.

Das Kirchenschiff der Karlskirche hat Fischer von Erlach als Ovalraum angelegt. Wie bei der Kreisrotunde schätzte man bei dieser Grundrissform, die in Italien im 16. Jahrhundert Einzug in den Sakralbau gehalten hatte, die Möglichkeit zur Errichtung einer zentralen, auf Fernwirkung berechneten Kuppel, die sich im Inneren mit Heiligenscharen in illusionistisch geöffneten

Himmeln bevölkern ließ. Anders als der kreisrunde Raum gab aber der Ovalraum eine liturgisch erwünschte Ausrichtung auf den Hochaltar vor. Der jesuitische Ordensgeneral Juan de San Buenaventura hebt darüber hinaus im Zusammenhang mit der von Francesco Borromini auf einem ovalen Grundriss erbauten Kirche San Carlo alle Quattro Fontane in Rom einen wahrnehmungspsychologischen Aspekt hervor: Alle Dinge seien in einer Weise angeordnet, «dass eines nach dem andern verlangt und der Beschauer angeregt wird, seine Blicke stets weitergehen zu lassen», daher sehe der Kirchenbesucher «immer etwas Neues, so dass stets der Wunsch verbleibt, noch einmal hinzugehen.»

Das Spekulieren auf diesen Effekt lässt sich für die Wirkungsästhetik barocker Räume verallgemeinern und mag die Beliebtheit von Ovalräumen zusätzlich befördert haben. Er ist bei der Klosterkirche Weltenburg, die im Jahr 1716 gleichzeitig mit der Karlskirche begonnen und ebenfalls als Ovalrotunde errichtet wurde, voll ausgespielt und zum Spektakel eines «Theatrum sacrum» gesteigert (Abb. 25, S. 75). Es handelt sich um das erste Gemeinschaftswerk der Brüder Cosmas Damian und Egid Quirin Asam. Der Gemeinderaum ist hauptsächlich durch die weite Öffnung in dem um den Raum geführten Kuppelring beleuchtet. Die indirekte Lichtführung und der gedeckte, von Gold und Stuckmarmor durchwirkte Farbakkord tauchen den Saalraum in dämmeriges Licht. An den Seitenwänden sind in der Mauer Kapellennischen ausgespart. Die Längs- und Querachsen der Rotunde sind durch Säulen bezeichnet, die hier zu den Pilastern treten. Die den Chorbogen rahmenden Säulen finden zusammen mit dem Gebälk eine perspektivische Fortsetzung in den wie in einer Bühnenkulisse zurückgestuften, gewundenen Altarsäulen.

Zwischen ihnen zeichnet sich die Silhouette der lebensgroßen Reiterfigur des heiligen Georg mit der erretteten Jungfrau und dem Drachen ab. Der an der Rückwand gemalte Heiligenschein und die helle Bestrahlung durch das Seitenlicht, das vom Gold und Silber der Statue reflektiert wird, rücken den Ritter in die Distanz des heroischen Heiligen. Egid Quirin Asam hat es aber vermocht, die theatralische Wucht des Auftritts durch eine Note höfischer Zivilität zu mildern. Der Ritter hat den Drachen, dessen Gefährlichkeit sich in der exaltiert ausgefallenen, ängstlichen Geste der Jungfrau spiegelt, ganz beiläufig erledigt. Trotz der Absicht des Bildhauers, die Szenerie für den Gläubigen als eine überirdische Vision zu vergegenwärtigen, bleibt durch die höfisch-galante Charakterisierung des Ritters die Gegenwart der Entstehungszeit des Werks präsent. Einen direkten Hinweis auf den seinerzeit regierenden bayerischen Kurfürsten gibt das Wappen Karl Albrechts, das mit der Insignie des Ordens vom Heiligen Vlies über dem Kopf des heiligen Georg schwebt. Das Weltenburger «Theatrum sacrum» würdigt so den Kurfürsten als Schutzherrn der katholischen Landeskirche.

Vielfalt der Konfessionskulturen

Der Kreis der spätbarocken Denkmalkirchen, bei denen die religiöse Funktion hinter der politischen Bedeutung zurücktritt, lässt sich von der Wiener Karlskirche aus in weitem Radius über alle Konfessionen hinweg schlagen. In der langen Planungs- und Entwurfsgeschichte der Londoner Saint Paul's Cathedral spiegeln sich für Jahrzehnte die Wechselfälle der englischen Geschichte, bevor der Bau dann im Jahr 1710 als Monument der anglikanischen Staatskirche geweiht werden konnte. Kirchenpolitisch stabilere Verhältnisse herrschten in Frankreich, in dessen Hauptstadt nach den Plänen des Hofarchitekten Jules Hardouin-Mansart seit 1676 der Invalidendom als wichtigste kirchliche Stiftung Ludwigs XIV. errichtet wurde. Dass der überkuppelte Zentralbau als Anti-Sankt Peter der französischen Staatskirche konzipiert war, zeigt sich nicht nur in seiner Entstehungsgeschichte und an den zeitweiligen Erwägungen, die Kirche als Grablege des Monarchen und als Reliquienkirche für dessen Namenspatron, den heiligen Ludwig, zu nutzen, sondern auch an der Bauform und am Ausstattungsprogramm. Für die Gestaltung des Außenbaus wurde auf Elemente zurückgegriffen, die Michelangelo in seinem Plan eines Zentralbaus für Sankt Peter verwendet hatte. Die Bildausstattung der Fresken und Statuen würdigt Ludwig XIV. mit dem Ehrentitel der französischen Monarchen als «allerchristlichsten König». Apostelreihen und Kirchenväter verweisen auf die frühchristlichen, universellen Glaubenswerte und die dem Kirchenpatron als einem mittelalterlichen Kreuzzugsheiligen gewidmeten Statuen und Bilder auf den aktuellen Kreuzzug gegen die Hugenotten nach der Aufhebung des Ediktes von Nantes.

Einzelne Charakteristika des Innenraums (Abb. 29) können für den Bau- und Ausstattungsstil des französischen Kirchenbaus insgesamt als symptomatisch gelten. Augenfällig ist die Verwendung eines klassischen Architekturrepertoires, bei dem auf geschwungene Bauglieder verzichtet wird zugunsten eines linearen Aufbaus und einer eindeutigen Abgrenzung der einzelnen Raumteile. Bestimmend für den Gesamteindruck ist der nackte Haustein und der oftmalige Verzicht auf Freskenausmalungen und vielfarbigen Stuck. Ebenso sind die hölzernen Hauptausstattungsstücke – Altar, Kanzel und Chorgestühl – nicht farbig gefasst, sondern nur spärlich vergoldet und zeigen die kunstvoll verarbeiteten Oberflächen der Holztäfelungen, die auch bei der Ausstattung profaner Bauten geschätzt wurden.

Sind die Eigentümlichkeiten des Stils klar zu benennen, so sind hingegen ihre historischen Begründungen schwer zu bestimmen. Offenbar wirkt die generelle, bisweilen in erbitterte Kontroversen umschlagende Distanz der gallikanischen Kirche, der französischen Staatskirche, zum römischen Papsttum zusammen mit einer asketischen Grundrichtung des französischen Katholizismus, die in den Reformbestrebungen des Jansenismus mit seiner strengen Gnadenlehre und urkirchlichen Einfachheit ihre stärkste Entfaltung fand. Zudem waren in den Pfarreien und Diözesen die zur Verfügung stehenden ökonomischen Ressourcen eher begrenzt. Im Übrigen fügt sich natürlich der Sakralbau allein schon durch die Beteiligung derselben Künstler und Architekten in die allgemeinen Tendenzen eines Zeitstils ein, die sich auch am Profanbau beobachten lassen. Diese historischen Ursachen wären zu berücksichtigen, wenn man auf die Hilfskonstruktion des «Barockklassizismus» zurückgreift, um den französischen Barock – wie auch die Barockarchitektur an den nördlichen Peripherien Europas – vom römischen Barock zu unterscheiden.

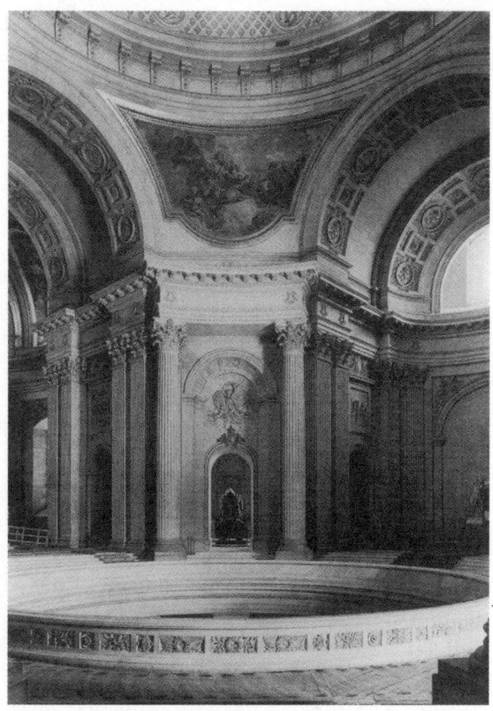

29 Jules Hardouin-Mansart, Invalidendom in Paris, 1676–1706.

Eine Besonderheit des Sakralbaus im Bereich der römisch-katholischen Konfession ist die geplante landschaftliche Fernwirkung vieler Anlagen. Klöster und Wallfahrtskirchen sind bisweilen spektakulär in der Landschaft situiert, was bis heute für die Besucher der Kirchen einen Gutteil ihrer Attraktivität als Ausflugsziel ausmacht. Die hoch über den Hügeln von Turin exponierte Klosteranlage der Superga ist nicht nur dafür ein prominentes Beispiel, sondern auch für die in diesem Kapitel besprochenen denkmalhaften Staatskirchen (Abb. 26, S. 76). Kirche und Kloster wurden von dem piemontesischen Hofarchitekten Filippo Juvarra für König Vittorio Amedeo II. von Savoyen entworfen. Die Gründung verdankt sich dem Gelöbnis, das der Fürst für den Sieg über die französischen Truppen, die Turin 1706 belagerten, abgelegt hatte. Die Abwendung der Niederlage rettete den Staat nicht nur aus einer existenzbedrohenden Krise. Zusammen mit der 1713 erlangten Königswürde markiert sie den Zenit des rasanten machtpolitischen Aufstiegs der norditalienischen Mittelmacht.

Das Gelöbnis gegenüber der piemontesischen Landesheiligen Maria, der Schlachtensieg und die Rangerhöhung der Dynastie fanden in der Basilica Reale di Superga, die den Königen auch als dynastische Grablege diente, einen im Wortsinne unübersehbaren Ausdruck. Von der Hauptstadt und sogar noch von den umliegenden Residenzen aus sichtbar thront die Anlage über dem Territorium. Der im Bühnenbildentwurf versierte und als Zeichner von Architekturveduten berühmte Architekt hat alles daran gesetzt, die Kirche für diese Blickbezüge bildhaft zu gestalten. Als hätte die Bergeshöhe allein noch nicht ausgereicht, hat er sie hoch aufgesockelt, wobei das Podium zugleich als Aussichtsterrasse dient. In zahlreichen zeichnerischen Vorstudien hat Juvarra die traditionell eher nur in Kauf genommenen Schrägansichten nun gezielt erprobt. Tatsächlich zeigt der Blick aus verschiedenen Perspektiven, dass willkürliche Überschneidungen vermieden sind. Auf den ersten Blick erscheint die Kuppelrotunde als völlig freigestellter Baukörper, in Wirklichkeit ist sie aber ungefähr an der Durchmesserlinie ohne tote Winkel in das Klostergeviert eingesenkt. Die Säulenvorhalle hat sich zu einem Tempelabschnitt emanzipiert, dessen Transparenz in Kontrast zu den geschlossenen Wandabschnitten steht. Der Zylinder der Kuppel und die zwei Glockentürme sind als einzige Bauteile über die Balustrade und den Dachansatz der Klostergebäude hinausgehoben und zu einer Gruppe komponiert.

Mit solchen Einbindungen in den landschaftlichen und territorialen Kontext steht die Superga nicht alleine da. Sie sind im gesamten Alpenbereich und in den angrenzenden katholischen Regionen ein verbreitetes Phänomen der Sakralarchitektur des Spätbarock und des Rokoko, das zur sakralen Besetzung der Landschaft beitrug. Maßgebliche Voraussetzungen waren die späte Blüte der Klöster, die oft über beträchtlichen agrarischen Eigenbesitz verfügten, und die Konjunktur des Wallfahrtswe-

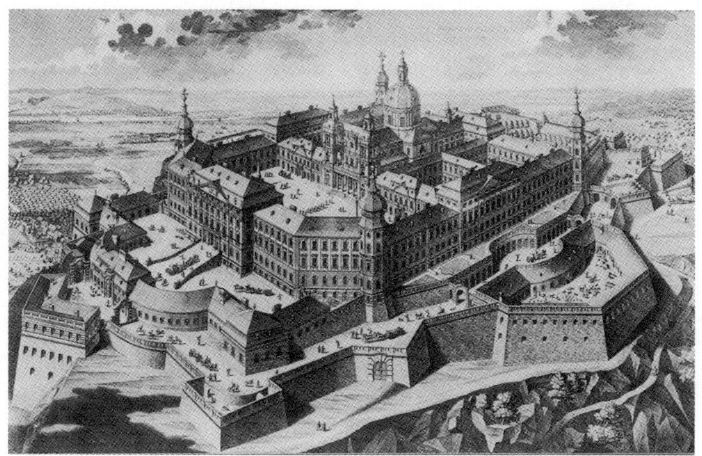

30 Salomon Kleiner, Idealansicht des Benediktinerstiftes Göttweig, 1743/45.

sens. Beide Entwicklungen gingen oft genug Hand in Hand und bezeichnen auch die Sonderbedingungen des römischen Katholizismus. An ihren alten Standorten wurden die Donauklöster von Melk und Göttweig (Abb. 30) auf eindrucksvollen Hügelkuppen zu riesigen Benediktinerabteien ausgebaut, die aus dem Fels herauszuwachsen scheinen. Die von den Brüdern Dientzenhofer errichtete Zweiturmfassade des Klosters Banz tritt mit der ebenfalls zweitürmigen Front der von Balthasar Neumann entworfenen Wallfahrtskirche von Vierzehnheiligen über das Maintal hinweg in einen Dialog. Auch bei unzähligen kleineren Kirchen wurde beim Entwurf auf die Besonderheiten der landschaftlichen Lage eingegangen. So hat man beobachtet, dass die geschwungene, mehrfach gebrochene Silhouette des Daches der Wieskirche bei Steingaden (Bayern) die Hügelkette des Voralpenlandes präludiert. Die über dem Bodenseeufer in den Weinbergen gelegene Wallfahrtskirche Birnau nimmt den im Schiff ankommenden Pilger mit einem ruhig gegliederten Fassadenprospekt in Empfang. Um dieses Effekts willen hat man die Kirche nach Norden hin ausgerichtet und den Prioratstrakt zur Seeterrasse hin vorgelagert.

Bürgerkirche des Luthertums: Die Dresdner Frauenkirche

Die Anhöhen der katholischen Sakrallandschaft des Alpenraumes markieren vielleicht die größte kulturelle Distanz zum Protestantismus und zu dessen Sakralbauten. Hat man schon die Reformation selbst als ein «städtisches Ereignis» bezeichnet, das die Existenz von Bürgergemeinden voraussetzte, so gilt dies auch für den protestantischen Kirchenbau der späteren Zeit – alle bedeutenden Leistungen auf diesem Gebiet entstanden in Städten und Gemeinden. Dies entsprach auch der Haltung zum Kirchenbau bei Luther, der in der Kirche einen praktischen Versammlungsort sah. Der Teufel fürchte das Gebet in einem «Saustall» mehr als jeden imposanten Kirchenbau. Freilich konnte auch die prächtige Kirche ein Ort sein, «wo das Wort Gottes gehet».

Eine zweite Faustformel für das Verständnis des protestantischen Kirchenbaus lautet, dass es mit der Entstehung der neuen Konfession nicht zur Ausbildung eines neuen Bautypus gekommen ist, der sich grundsätzlich von der vorreformatorischen Tradition oder dem gleichzeitigen katholischen Kirchenbau unterschieden hätte. Neue theologische Überzeugungen, entsprechend gewandelte Formen der Liturgie und ein abweichendes Verhältnis zum Bild haben sich vor allem in der Kirchenausstattung niedergeschlagen. Für die Architektur haben sie aber bestenfalls marginale Folgen gehabt. Nur so war es auch möglich, dass die protestantische Übernahme vorhandener katholischer Kirchen, die sich während des Dreißigjährigen Krieges und danach nochmals häufte, in der Regel ohne Umbauten vonstatten gehen konnte. Diese Neunutzungen folgten im Grunde den Regeln einer Ummöblierung. Man entfernte Bilder und Statuen, weißte die Wände und ordnete das Kirchengestühl den eigenen Bedürfnissen entsprechend an, indem man es auf die Kanzel ausrichtete. Fürsten- und Vorsteherstühle waren anzuschaffen, wenn kein Chorgestühl vorhanden war, das sich umfunktionieren ließ. Der Chor behielt seinen Rang als bevorzugter Ort innerhalb des Kirchenraums. Emporen wurden neu eingezogen, wenn die vorhandenen nicht ausreichten.

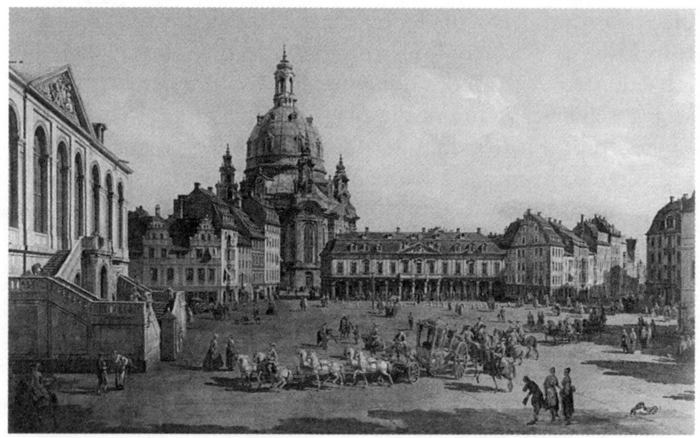

31 Antonio Canaletto, *Der Neumarkt in Dresden mit der Frauenkirche*, 1749/50. Dresden, Staatliche Kunstsammlungen.

Bei der Dresdner Frauenkirche, dem bedeutendsten protestantischen Kirchenbau des Barock im Heiligen Römischen Reich, sind die skizzierten allgemeinen Kennzeichen auch noch im Rahmen einer speziellen städtebaulichen und konfessionspolitischen Situation erkennbar (Abb. 31). Für den Zentralbau am Dresdner Neumarkt legte der Ratszimmermeister George Bähr 1722 erste Pläne vor, die dann von städtischen Verwaltungsbeamten überarbeitet wurden; 1739 war die Kirche fertiggestellt. Der Grundriss ist über einem reinen Quadrat angelegt, dem ein kreisrunder, überkuppelter Innenraum einbeschrieben ist. Die nach oben gestaffelten Holzemporen sind auf die Kanzel und die erhöhte Choranlage ausgerichtet. An der Abschlusswand des Chors ist der von Säulen gerahmte Altaraufsatz mit dem Gehäuse der Orgel zu einer prachtvollen Kulisse kombiniert. In der Anlage des Raums verbindet sich die Typik des Predigtsaales mit der eines festlichen Theatersaales. Dass sich in der Kirche eine lutherische Stadtgemeinde mit ihren kulturellen Aspirationen repräsentiert sehen wollte, macht auch der Außenbau klar. Die mächtige Steinkuppel hat die Form einer Glocke und ruht direkt auf dem unteren Geviert auf. In den Ecken sind die Pfeiler, auf denen die Kuppel lastet, zusätzlich verstärkt. Die Kuppel ist zweischalig konstruiert, wobei die innere Schale bereits auf dem Niveau des umlaufenden Gesimses am Kuppelansatz abschließt, während die obere Kuppelschale weiter in die Höhe strebt. Einzelheiten der Gestaltung mögen von kleineren protestantischen Zentralbauten angeregt gewesen sein. Doch für die architektonische Gesamtlösung der das Elbpanorama akzentuierenden Frauenkirche bot der barocke Zentralbau von Santa Maria della Salute, der in Venedig die Einfahrt in den Canale Grande mit einem machtvollen Auftakt orchestriert, das wahrscheinlichere Vorbild.

Die Gründe dafür, dass die Stadtgemeinde mit ihrer Kuppel so hoch hinaus wollte und dafür auch einen statischen Kraftakt in Kauf nahm, sind letztlich in der konfessionellen Konstellation in der Residenzstadt Dresden zu suchen. Nachdem Kurfürst Friedrich August II. von Sachsen 1697 zum Katholizismus konvertiert und im Kernland des Luthertums die konfessionelle Einheit zwischen Herrscherhaus und Untertanen zerbrochen war, sah sich der Dresdner Rat mit der Frauenkirche herausgefordert, ein Zeichen der Selbstbehauptung zu setzen. Als im Auftrag des Hofes die katholische Hofkirche an herausragender Lage am Brückenkopf der Augustusbrücke in Angriff genommen wurde, machte der Hof seinerseits deutlich, dass er die bauliche Herausforderung des Rates angenommen hatte. Die Fronten in diesem konfessionellen Schlagabtausch lassen sich stilistisch kaum bestimmen. Denn offensichtlich erachtete es der Dresdner Rat für seinen Anspruch auf religiöse Souveränität nicht als abträglich, dass der Architekt der Frauenkirche eine italienische Marienkirche als Vorbild importierte. Ein solcher die Grenzen von Ländern und Konfessionen überschreitender Ideentransfer konnte in Dresden umso mehr Akzeptanz finden, als er den kulturellen Konventionen der Zeit entsprach.

VI. Die Internationalität des Barock

Das vereinte Europa der Künste

Als sich nach dem Ende der Glaubenseinheit in der zweiten Hälfte des 17. Jahrhunderts gegen den alten Begriff der *Christianitas* die Bezeichnung «Europa» durchsetzte, konnte unter dem Kontinent auch ein Kunstraum verstanden werden. Zwar hat es Kunstaustausch zu allen Zeiten gegeben, doch lässt sich seit der Renaissance eine zunehmende Ausweitung der Kunstbeziehungen beobachten. Im Barock verbreitete sich erstmals eine Kunstsprache, die in der Praxis in vielen Dialekten gesprochen, aber in ganz Europa verstanden wurde. Dabei bedingten sich die institutionelle Verdichtung der Kunstbeziehungen, deren geographische Ausweitung und die Zunahme der Mobilität gegenseitig. Kunstwerke, Menschen – Künstler und Architekten, Auftraggeber und Kunstagenten – sowie Ideen waren in einem zuvor nicht bekannten Ausmaß in Bewegung.

Die Mobilität von Kunstwerken wurde durch den sich etablierenden Kunstmarkt befördert. Der Einzelbestellung trat das auf Vorrat produzierte Werk an die Seite, und neue Käuferschichten wurden erschlossen. Allmählich gaben die Zünfte ihren Widerstand gegen den Kunstimport auf, und eine Liberalisierung des Marktes bahnte sich an. Dies war in England nach 1680 der Fall; man hat errechnet, dass dann im Verlauf eines Jahrhunderts etwa fünfzigtausend Gemälde aus dem Ausland, fast die Hälfte davon aus Italien, und etwa eine halbe Million Kupferstiche eingeführt wurden. Auch große fürstliche Sammlungen traten spektakuläre, der Politik geschuldete Wanderungen an. Eine der bedeutendsten italienischen Kunstsammlungen wurde von den letzten Gonzaga-Fürsten 1625 nach England veräußert. So wurde sie zwar vor den verheerenden Truppenplünderungen, denen Mantua fünf Jahre später ausgesetzt war, gerettet, doch auch am englischen Hof war der Sammlung keine Zukunft beschieden. Als König Karl I. während des Bürgerkrieges 1649 hingerichtet wurde, gelangte der größte Teil der Kunstwerke nach Frankreich und Spanien. Der in der Restauration eingesetzte Nachfolger Karl II. kaufte später Gemälde der königlichen Sammlung zurück. In Prag wurde die kaiserliche Sammlung Rudolfs II. im letzten Jahr des Dreißigjährigen Krieges von den schwedischen Truppen requiriert. Königin Christina von Schweden reservierte die bedeutendsten Werke für sich und nahm sie nach ihrer Konversion zum Katholizismus und ihrer Abdankung mit ins Exil nach Rom. Nach dem Tod der Monarchin wurde der Kunstbesitz, darunter fast dreihundert Gemälde, zerstreut.

Für die Maler, Bildhauer und Architekten des Barock wurden Studien- und Ausbildungsreisen und Arbeitsaufenthalte im Ausland beinahe obligatorisch. Man tut sich leichter, die Ausnahmen unter den bedeutenden Künstlern zu nennen, die, wie etwa Rembrandt oder Vermeer, zeitlebens zu Hause blieben, als die Künstler aufzuzählen, die sich in die Ferne aufmachten. Hauptziele waren die Kunstmetropolen Italiens; unter ihnen nahm Rom bis ins frühe 18. Jahrhundert den Vorrang ein. François Deseine nennt dafür implizit die Gründe, wenn er in seiner «Voyage d'Italie» (1699) vier Gruppen von Reisenden aufführt, die sich in Rom trafen: die Pilger, die politisch Interessierten, die Altertumskenner und die Kunstliebhaber. In die Schar der Kulturreisenden reihten sich die Künstler ein, die unter jenen wiederum ihre Kunden fanden. Eine Art Vorhut bildeten die Maler aus den Niederlanden, die sich 1624 in Rom um Pieter van Laer als eine Korporation, die *Schildersbent*, organisierten. Unzählige deutsche und französische Maler zogen nach. Bisweilen konnten Studienreisen einen offiziellen oder dienstlichen Charakter haben. Der englische Architekt Inigo Jones gelangte im Tross der «Grand Tour» seines damaligen Gönners nach Italien. Elias Holl reiste Ende 1600 für zwei Monate nach Venedig, um den dortigen Palastbau in Augenschein zu nehmen, und konnte sich so für das Amt des Augsburger *Stadtwerckmeisters* und den anstehenden Stadtumbau empfehlen. Robert de Cotte, seinerzeit Mitglied der Architekturakademie und Mitarbeiter der königlichen Pariser Baubehörde der *Bâtiments du Roi* wurde 1689 zur Fortbildung nach Rom beordert. Sein Reisetagebuch ist als Dokumentation einer solchen Reise durch den Künstler selbst singulär.

Dem bürokratischen Zug der Zeit entsprechend wurden individuelle Künstlerreisen zunehmend in institutionelle Bahnen gelenkt. Den offensivsten Vorstoß machte die Pariser Kunstadministration unter Ludwig XIV. 1666 mit der Gründung einer auswärtigen Ausbildungsakademie in Rom. In der *Académie de France à Rome* wurden mit Pensionen alimentierte Maler, Bildhauer und Architekten unterrichtet und gleichzeitig mit Kopien von zeitgenössischer Malerei und von antiken Statuen beauftragt, die dann in die königlichen Gärten gelangten. Ziel war es, qualifizierte Künstler für die Pariser Hofkunst auszubilden, was allerdings nicht im gewünschten Umfang gelang. Gleichwohl machte das Beispiel Schule, und entsprechende Akademieniederlassungen in Rom wurden später von Florenz, Turin und Berlin aus initiiert.

Neben die Akademien traten die Höfe und die Kirchenorden, die auf ihre Weise als internationale Kunstinstitutionen operierten. Auswärtige Künstlerengagements, wie etwa der Künstleraustausch zwischen Spanien und dem als spanisches Vizekönigtum regierten Süditalien, kamen immer wieder über dynastische und diplomatische Hofkontakte zustande. Zahlreiche Höfe bestallten professionelle Kunstagenten, die sich um Künstlerkontakte und Kunsteinkäufe kümmerten. Unter den Orden sind vor allem die Jesuiten dafür berühmt geworden, dass sie für die eigenen Ordenskirchen standardisierte Planungen zentral vorgaben, um die Identität des Ordens nach innen und außen zu befestigen. Mit dem Architekturtraktat des jesuitischen Laienbruders Andrea Pozzo, der darin auch die Ausstattung der römischen Ordenskirchen Il Gesù und Sant'Ignazio abbildete, erschien ein Kompendium, das auf die ganze Barockkunst einen unüberschätzbaren Einfluss hatte. Die europaweiten Reisen des Architekten Guarino Guarini erklären sich aus seiner Zugehörigkeit zum Theatinerorden, für den er Kirchen in Turin, Rom, Messina, Paris, Lissabon und Prag plante. Neben architekturtheoretischen Schriften publizierte Guarini ein Tafelwerk, das seine eigenen, weit verstreuten Bauten und Entwürfe zugänglich machte.

Mit solchen Publikationen ist ein weites Feld der medialen Ideenvermittlung angesprochen. Im Bereich der nicht vervielfältigten Unikate stellt die sogenannte Korrespondenzarchitektur ein besonderes Phänomen dar. Nach eher sporadischen früheren Vorläufern verbreitete sich in den Jahrzehnten um 1700 die Praxis, dass sich Bauherren von renommierten auswärtigen Architekten Idealplanungen senden ließen, die dann den spezifischen Erfordernissen entsprechend ausgearbeitet und von lokalen Bautrupps umgesetzt wurden. Daneben stellte die publizierte Fachliteratur ein unerschöpfliches Reservoir an Ideen zur Verfügung. Die Spannbreite des Sortiments reichte von Traktaten zur Kunst- und Architekturtheorie über opulente Tafelwerke und Antikenpublikationen bis zu praktischen, kleinformatigen Musterbüchern und Ratgebern. Das Angebot an diesen Publikationen wuchs stetig in der zweiten Hälfte des 17. Jahrhunderts und explodierte dann regelrecht seit Beginn des 18. Jahrhunderts. Nach allem, was wir wissen, waren für diese Steigerung des Angebots in erster Linie die Buchverleger in Kooperation mit den Kupferstechern verantwortlich.

Caravaggisten und Palladianisten

Mit dem oberitalienischen Renaissancearchitekten Andrea Palladio, der seine Bauten im Veneto und in Venedig errichtete, und dem hauptsächlich in Rom tätigen Maler Caravaggio sind zwei Künstler zu der Ehre gekommen, mit ihren Namen für besondere Stiltendenzen innerhalb der Barockkunst einzustehen. Die Breitenwirkung des Œuvres von Michelangelo Merisi da Caravaggio wurde schon bald nach seinem Tod im Jahr 1610 erkannt. Die früheste Biographie des Malers findet sich in Karel van Manders «Schilder-Boeck» (1604). Schon van Mander würdigte Caravaggio mit jenen Topoi, die dem Maler für alle Zukunft angeheftet wurden. Er mache keinen Pinselzug, «wenn er nicht nahe am Leben sitzt und das Leben abmalt und schildert»;

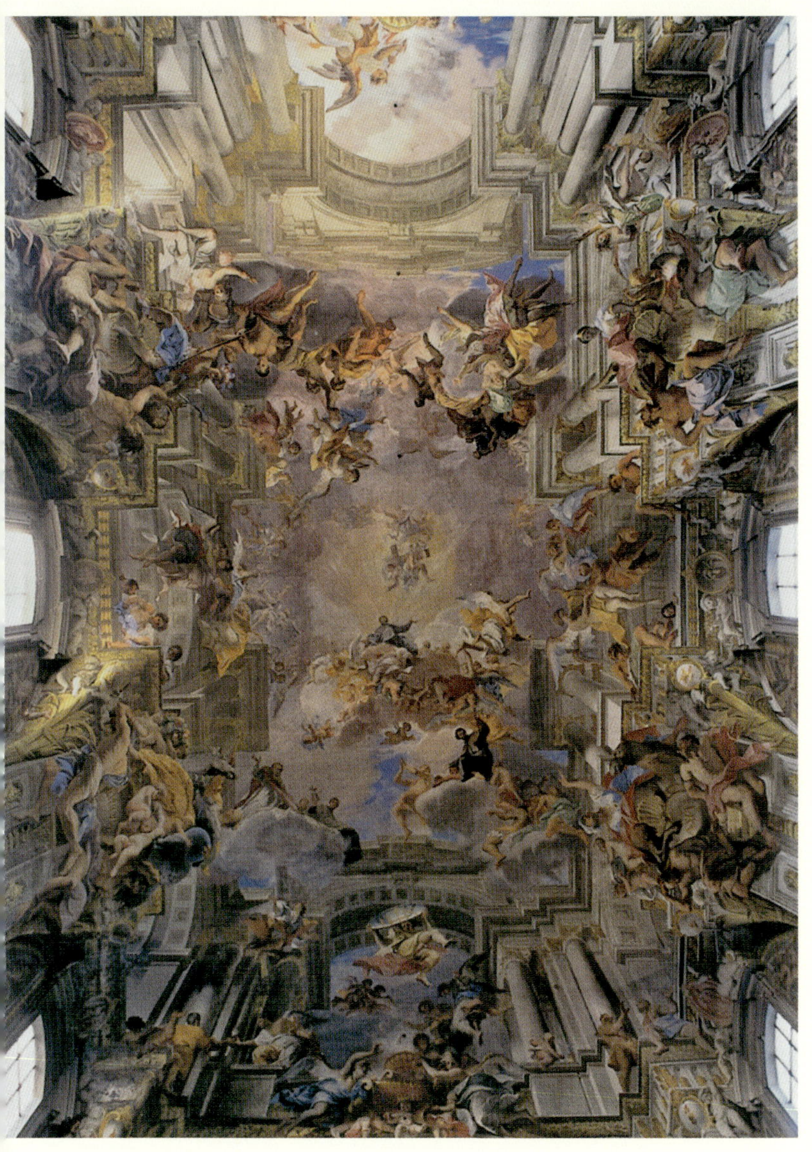

32 Andrea Pozzo, Deckenfresko der Jesuitenkirche Sant'Ignazio in Rom, 1691–1694.

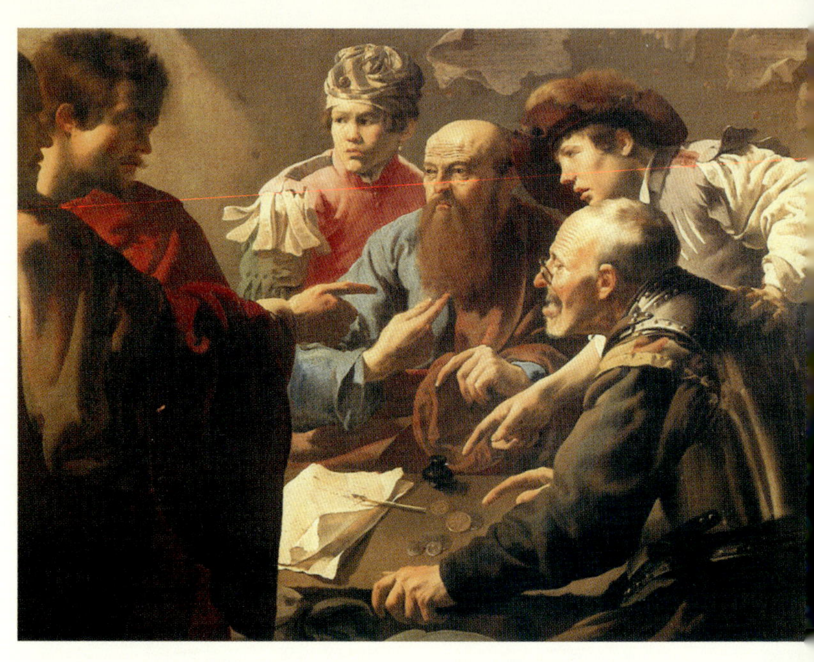

33 Henrik Ter Brugghen, *Die Berufung des Apostels Matthäus*, 1621. Utrecht, Centraal Museum.

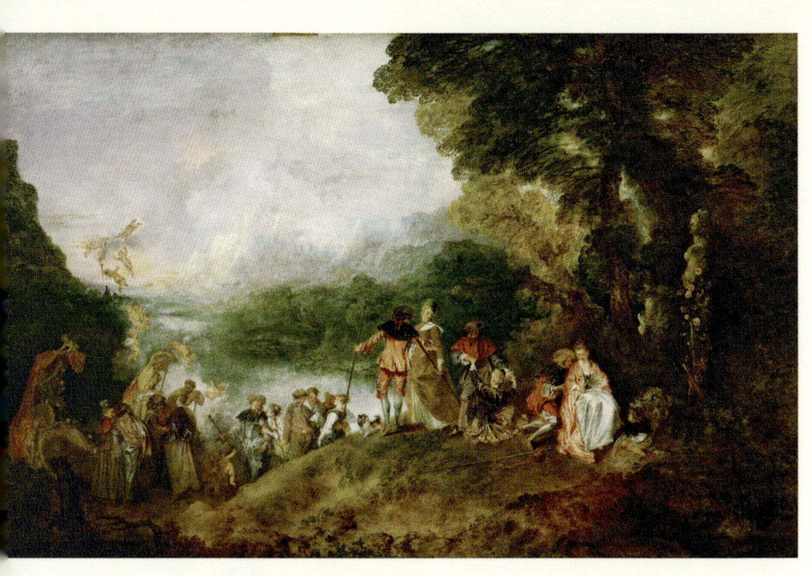

34 Antoine Watteau, *Die Einschiffung nach Kythera,* 1717. Paris, Musée du Louvre.

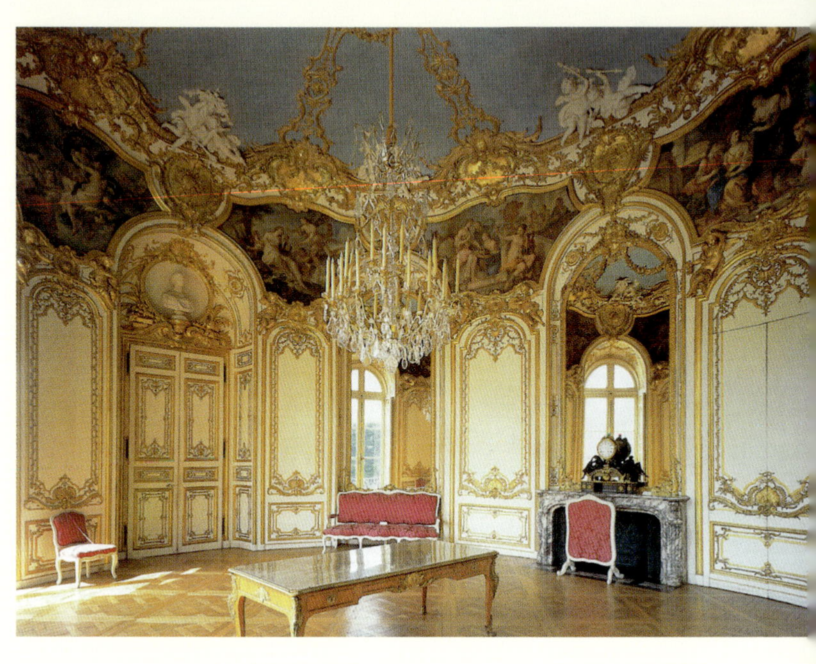

35 Germain Boffrand, Hôtel de Soubise in Paris. Salon de la Princesse, 1735.

er habe sich eine wunderbar freie Manier angeeignet, die so beschaffen sei, dass sie von der Malerjugend bereitwillig nachgeahmt werde – im Übrigen sei der Maler unstet und streitbar.

Weit über Italien hinaus, auch in Spanien, Frankreich und den Niederlanden, machten sich einige der Hauptmeister des Früh- und Hochbarock die Kunst Caravaggios zu eigen, die sie auf ihren Italienreisen kennengelernt hatten. Ein Zentrum der Rezeption bildete die Utrechter Malerschule, der auch Henrik Ter Brugghen angehörte. Bei dessen «Berufung des Apostels Matthäus» (1621) handelt es sich nicht um eine Kopie, sondern um eine eigenständige, aber für den Betrachter nachvollziehbare Verarbeitung caravaggesker Bildmittel (Abb. 33, S. 94). Wie bei Caravaggios berühmter Darstellung des gleichen Themas in der Contarelli-Kapelle von San Luigi dei Francesi in Rom ist die Szene in die Alltagsrealität der Wechselstube des Zöllners verlegt. Die Figurengruppe ist in Großaufnahme erfasst und bei weitgehender Reduktion der Tiefendimension des Raumes dem Betrachter dicht gedrängt auf den Leib gerückt. Die Präsenz der Gestalten ist durch die mit Händen zu greifende Stofflichkeit noch gesteigert. Eine mit Kontrasten operierende Lichtregie verleiht ihnen zusätzliche Plastizität. Erstarrte Posen und die Schilderung von Charaktertypen lassen aber den Gedanken an Natürlichkeit nicht unbedingt aufkommen, denn es war die Herausarbeitung beispielhafter Typenkonstellationen «nahe am Leben» gefragt.

Der exorbitante Erfolg von Caravaggios Bilderfindungen dürfte zunächst in der Tatsache begründet sein, dass in ihnen der Bruch mit der distanzierten Ästhetik des Manierismus mit geradezu aggressiver Deutlichkeit herausgestellt wird. Der Maler verfolgte das Ziel, die Bilder mit der Lebensrealität des Betrachters zu konfrontieren und diesen umgekehrt zum Mitakteur des Bildgeschehens zu machen. Auf eine verwandte Art der direkten Ansprache des Betrachters wurde auch bei Bernini und Rubens hingewiesen. Dieses Neuerungspotential, das dem Werk Caravaggios bereits in Rom zu Durchsetzung verholfen hatte, war auch im Milieu, in dem die Caravaggisten tätig waren und in dem – in Utrecht ebenso wie in Paris – ein routinierter Manierismus den Ton angab, attraktiv. Hinzu kommt als ein Spezifikum vieler Gemälde Caravaggios deren unbestimmte Gattungszugehörigkeit. Selbst wo er christliche Themen aufnimmt, handelt es sich meist um Sammler- und Galeriebilder ohne die üblichen Funktionen von Sakralbildern. Auch dies mag die Rezeption insbesondere in den protestantischen nördlichen Niederlanden befördert haben, wo biblische Sujets für den häuslichen Bereich gefragt waren. Allein schon das Querformat der «Matthäusberufung» Ter Brugghens zeigt an, dass es als Altarbild ungeeignet ist und es sich dabei um ein Sammlerbild handelt.

Auch das gebaute und theoretische Werk von Andrea Palladio hatte wahrhaft globale Folgen. Schon bald nach seinem Tod im Jahr 1580 begann eine für das Werk eines einzelnen Architekten beispiellose Rezeption – beispiellos in ihrer Kontinuität bis in die Moderne hinein und in ihrer geographische Breite über die Kontinente hinweg. Die Voraussetzungen für Palladios Wirkung liegen in seinem Werk selbst. Für Stadtpalast, Villa und Kirchenbau hat der Architekt in ihrer Systematik und Regelhaftigkeit schwer überbietbare Entwurfslösungen entwickelt. Dass Palladio Modellentwürfe für diese Bauaufgaben vorlegen wollte, belegen die Illustrationen, die er seinen eigenen Bauten in den 1570 publizierten «Vier Büchern zur Architektur» widmet. In den Holzschnitten wird auf jede konkrete Ortsangabe verzichtet, die Bauten sind Raum und Zeit ihrer Entstehung enthoben und so als Exempla verfügbar gemacht. Gebautes Œuvre und theoretische Vermittlung beziehen sich bei Palladio – auch dies ist ein Grund für seine Wirkung – komplementär aufeinander. In den «Vier Büchern zur Architektur» bietet Palladio eine ebenso konzise und umfassende wie grundlegende Propädeutik der Grundregeln des Bauens, mit der sich der Autor ausdrücklich auch an Auftraggeber und Bauhandwerker richtet.

Wenn Palladio seit Beginn des 17. Jahrhunderts in England seinen nachhaltigsten Erfolg hatte, so spielten hier gesellschaftliche Voraussetzungen im weitesten Sinne eine Rolle. Zu Beginn dieses Erfolgs ist aber die Bedeutung des Architekten Inigo Jones, der als Protagonist den «palladianism» der ersten Stunde inaugurierte, nicht hoch genug zu veranschlagen. Jones' erste

Italienreise im Jahr 1601 liegt weitgehend im Dunkeln, doch offenbar hat er bereits damals den Architekturtraktat Palladios erworben. Das erhaltene Exemplar ist übervoll mit handschriftlichen Anmerkungen und dokumentiert die intensive Auseinandersetzung mit der Schrift. Es folgte 1613 auf einer zweiten, anderthalbjährigen Reise nach Italien die systematische Erkundung der Bauten Palladios vor Ort. Mit seiner Ernennung zum Hofarchitekten 1618 begann Jones an mehreren Bauprojekten gleichzeitig zu arbeiten, durch die sich der Palladianismus als Stil der Hofarchitektur unter der Stuart-Monarchie etablierte.

Das als Fest- und Empfangssaal innerhalb des Whitehall-Komplexes 1619 bis 1622 errichtete Banqueting House vertritt diesen Stil beispielhaft (Abb. 36). Der kompakte, außen in zwei Geschosse gegliederte Bau birgt im Inneren einen einzigen, die Geschosse übergreifenden Saal, dessen Decke Rubens mit Gemälden bestückt hat. Der Bautypus einer profanen Ehrenhalle ist von Palladios Rekonstruktion der antiken Basilika als eines öffentlichen Versammlungsortes abgeleitet. In der Fassadengestaltung hat Jones das Formenvokabular Palladios variierend aufgenommen und dabei Elemente von dessen Palast- und Villenarchitektur zusammengeführt.

In der englischen Architekturentwicklung blieb Palladio ein wichtiger Impulsgeber, auch wenn in der zweiten Hälfte des 17. Jahrhunderts die Einflüsse der italienischen und vor allem der französischen Baukunst größer wurden. Die Palladianisten des frühen 18. Jahrhunderts verleugneten diese Wirkungen Palladios im Werk von Barockarchitekten wie Christopher Wren, John Vanbrugh und Nicholas Hawksmoor, um sich davon abzugrenzen und sich selbst zu positionieren. Nun erfuhr die Architektur Palladios eine nachdrückliche Ideologisierung unter den Vorzeichen der Freiheit. Im Kreis der bisweilen monarchiekritischen Auftraggeber, die ihre Landsitze palladianisch umgestalten oder errichten ließen, galt die Republik Venedig zusammen mit der Villegiatur des Veneto als historische Projektionsfläche eines freiheitlichen *commonwealth*. Als der Palladianismus im späteren 18. Jahrhundert in den englischen Kolonien Nordamerikas rezipiert wurde, gewann er nicht nur globale Dimensi-

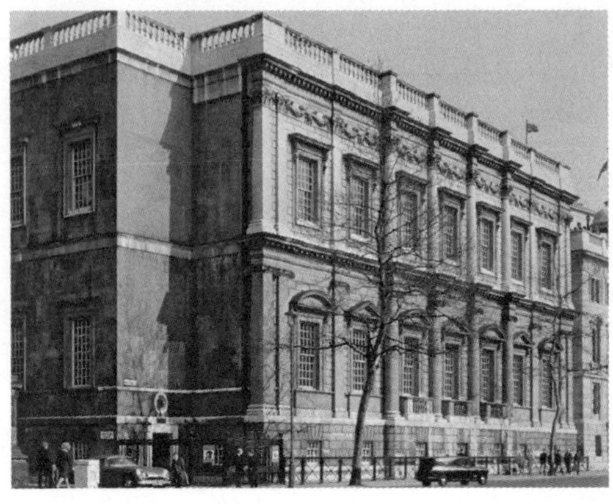

36 Inigo Jones, Banqueting House in London, 1619–1622.

onen, sondern diente dort auch als baulicher Ausdruck einer erfundenen Freiheitstradition, die sich bald gegen das Mutterland wenden sollte.

Ferne Welten

Der Paradefall des nordamerikanischen Palladianismus stellt das späte Beispiel für einen interkontinentalen Kunsttransfer dar, der als solcher schon seit gut einem Jahrhundert Wirklichkeit war. Nach der Entdeckung der «Neuen Welt» hatte im 16. Jahrhundert eine Phase der schrittweisen kolonialen Durchdringung des amerikanischen Kontinents, zunächst von Süd- und Mittelamerika, begonnen. Den Konquistadoren waren die Siedler allmählich gefolgt. Die bisweilen riesigen Metropolen der alten Herren waren zerstört und ausgeraubt worden, neue städtische Kolonialzentren kleinen Maßstabs entstanden seit der Jahrhundertmitte. Es vergingen jedoch wiederum Jahrzehnte, bis die ersten bedeutenderen Sakral- und Profanbauten errichtet wurden. Erst in der zweiten Hälfte des 17. Jahrhunderts lässt sich in Hispano-Amerika eine regelrechte Baukonjunktur beobachten, die auch die Frage nach europäischen Stilübernahmen aufwirft.

Die recht deutliche Ausprägung von Regionalstilen verbietet eine einheitliche Klassifizierung der lateinamerikanischen Barockarchitektur. In Europa bereits anachronistisch gewordene Formen der Spätrenaissance und des Manierismus wurden nochmals aktualisiert und den örtlichen Gegebenheiten angepasst. Dies verdankte sich teilweise der Verwendung älterer Musterbücher und Architekturtraktate. Immer wieder hat man konstatiert, dass die Bauten fassadenhaft blieben, da Schaufronten und Inneres als voneinander unabhängige Einheiten konzipiert wurden. Auf dem amerikanischen Kontinent kam es einzig in Peru mit den Zentren Cuzco und Lima zur Ausbildung eines Monumentalstils. Beide Städte wurden nach den Erdbeben von 1650 und 1656 wieder aufgebaut; Lima war seit 1542 Hauptstadt des Vizekönigreichs Peru.

Bei den Kirchenfassaden bilden die sogenannten Retabelfassaden spektakuläre Akzente im Stadtbild. An San Francisco in Lima ist das Retabel als reich geschmücktes Schaustück zwischen der schweren Panzerung der beiden Türme eingespannt (Abb. 37). Unterschiedliche Maßstäbe und Materialien sowie die nur ungefähre Abstimmung der Höhenniveaus heben die Gegensätze zwischen den wuchtigen Turmflanken und dem zentralen Schaustück hervor. Ein ganzes Sortiment von geborstenen Giebeln und von Bogenformen gibt dem Triumphtor, das in der Mitte eine Mariennische aufnimmt, Plastizität und spielerischen Reichtum. Die Vorbilder für den Typus der *retablo*-Fassade, die sich in der nordspanischen Barockarchitektur finden lassen, werden hier in origineller Weise aufgenommen und mit der volltönenden Rhetorik des missionarischen Eifers instrumentiert.

Es entsprach der hegemonialen Stoßrichtung der europäischen Expansion, dass auch während der Barockzeit die kulturelle Europäisierung der Überseeregionen fortgesetzt und forciert wurde. Der Kulturtransfer in umgekehrter Richtung erwies sich im Vergleich dazu als marginal. Der Import von Kunsthandwerk, das für den Gebrauch oder für die museale Aufbewahrung nach Europa gelangte, bestätigt die Haltung eines Eurozentrismus, dem die Abgrenzung zum Exotismus höchst willkommen war. In materieller Hinsicht verstand man die außereuropäischen Kontinente als Zulieferer für die eigenen künstlerischen Projekte. Für die reichen, vielfarbigen Steineinlegearbeiten der Medici-Grablege in Florenz, der Cappella dei Principi, wurden nicht nur in ganz Europa Halbedelsteine zusammengesucht, sondern man orderte sie auch aus Mittelamerika und Indien. Für den gigantischen, 1711 vom portugiesischen König Johann V. gegründeten Klosterkomplex von Mafra wurden Marmor und Edelhölzer aus den überseeischen Kolonien geliefert und mit dem Gold aus den brasilianischen Minen die Kosten dieses späten Konkurrenzunternehmens zum Escorial gedeckt.

Gegenüber dem Zufluss von Kunstobjekten und materiellen Gütern stellt sich für die Kunstgeschichte des Barock die europäische Imagination der fernen Welten als das vielleicht wichtigere Thema dar. Dies gilt zunächst für die Kunstgeschichtsschreibung seit dem 17. Jahrhundert. Erstmals hat der Maler und Kunstschriftsteller Joachim von Sandrart in seiner zwischen 1675 und 1679 erschienenen «Teutschen Academie», die in ihrem goliathhaften Format und Umfang Künstlerviten mit kunsttheoretischen und historischen Abschnitten vereint, in einem Werk der Kunstliteratur über den Horizont der europäischen Malerei hinaus geschaut. Er nahm ein Kapitel zur chinesischen Malerei auf, wobei der Autor seine Kenntnisse weniger der Anschauung von einzelnen Werken verdankte, die als Exotika in europäische Kunstsammlungen gelangt waren, sondern den Informationen aus Missionsberichten. Später unternahm Johann Bernhard Fischer von Erlach mit seinem «Entwurff einer historischen Architektur» (1721) den Versuch, die Weltgeschichte der Architektur zu rekonstruieren. Vom Salomonischen Tempel und den Sieben Weltwundern ausgehend werden Bauten verschiedener Zeiten und Kulturen erläutert und illustriert; das eigene Werk Fischer von Erlachs bildet am Ende den Fluchtpunkt des weit aufgespannten Panoramas.

Das populäre Bild, das sich Europa vom Rest der Welt machte, findet in der Ikonographie der Erdteile eine in der Fülle der Darstellungen kaum überschaubare Gestaltung. Wenngleich das Thema auf einer bis in die Antike zurückreichenden Darstellungstradition basierte, wurde erst im Verlauf des 17. Jahrhunderts der fremdländisch-exotische Reiz des Sujets voll ausgespielt.

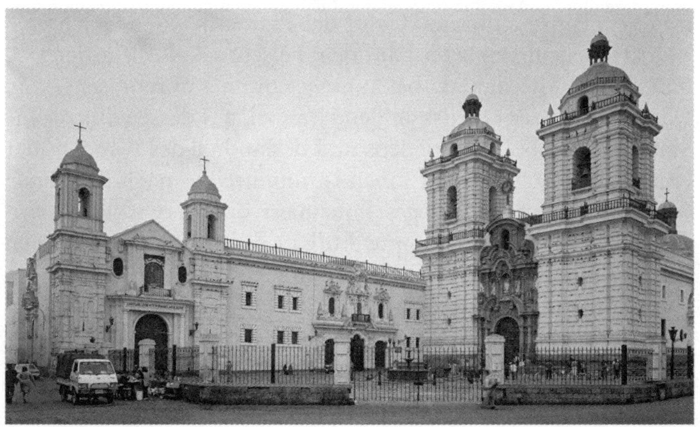

37 San Francisco in Lima, 1669–1674.

Die Personifikationen der Erdteile wurden in Umgebungen gestellt, die den jeweiligen Kontinent repräsentierten, wobei sich die Menschendarstellung und die Wiedergabe von Tieren, Pflanzen und Gerätschaften zusehends den neuen, auf Beobachtung beruhenden ethnographischen Kenntnissen verdankten.

Wenn die Beliebtheit der Erdteilikonographie quer durch alle weltlichen und kirchlichen Stände reichte, so spiegelt sich hierin die Tatsache wider, dass es sich bei der europäischen Expansion um das Zusammenwirken von politisch-militärischer Eroberung, wirtschaftlicher Übernahme und kirchlicher Mission handelte. In der Sphäre des Handelsbürgertums signalisierte das Sujet die Weitläufigkeit der Geschäftsbeziehungen. Im Rahmen fürstlicher Residenzen sollte es den Radius der vom Herrscher ideell beanspruchten Machtausdehnung abstecken. Allein in Versailles kam das Thema in dreifacher Variation – in einem Statuenzyklus im Park, in der Bauskulptur des Marmorhofes und in Gemälden der Gesandtentreppe – zur Darstellung. In kirchlichen Ausstattungszusammenhängen wurde diese Idee universeller Herrschaft durch den Gedanken der Mission konkretisiert. Ihm sind einige der berühmtesten Kunstwerke der Epoche verpflichtet. Bei dem von Gianlorenzo Bernini im Auftrag von Papst Innozenz X. auf der Piazza Navona errichteten Vierströmebrunnen lagern auf dem Felsensockel Allegorien von Flüssen, die die damals bekannten Kontinente repräsentieren. Darüber ragt der Obelisk in den Himmel, auf dessen Spitze eine Taube als Symbol des Friedens und Bestandteil des Wappens der Papstfamilie sitzt. Der Brunnen ist unmittelbar nach dem Ende des Dreißigjährigen Krieges konzipiert und verwirklicht worden. Ebenso wie der gesamte Aufbau des Brunnens sind auch die persönlichen und institutionellen Herrschaftsansprüche des Papstes in eine fragile Balance gebracht: seine uralte, aber gefährdete Rolle als Friedensvermittler; die schon damals anachronistisch gewordene Idee einer globalen Macht der Papstkirche; und das im Wortsinn grenzenlose Ruhmesstreben der Familie.

Der Jesuitenorden rückte in seinen beiden römischen Hauptkirchen die Selbstverpflichtung einer globalen, aus dem Missionsauftrag legitimierten Wirksamkeit gleich zwei Mal ins Bewusstsein der Gläubigen. Auf dem Deckenfresko der Mutterkirche Il Gesù stellte Giovanni Battista Gaulli die Anbetung des Namens Jesu durch die Seligen in einer Wolkengloriole dar. Sechzehn überlebensgroße Stuckfiguren in der Fensterzone vertreten die Nationen der Erde. In vieler Hinsicht lässt sich das Deckenfresko von Sant'Ignazio als inhaltliche Fortführung dieses Programms verstehen (Abb. 32, S. 93). Wenn Andrea Pozzo aber ganz andere Strategien der Illusion wählte, so lässt dies – wie auch andere Darstellungen des Themas – erkennen, dass sich den Künstlern mit der Ikonographie der Erdteile gerade durch das Angebot, die ganze Welt zu malen, ungeahnte künstlerische Freiräume auftaten.

Das über die ganze Gewölbefläche der Kirche ausgebreitete Fresko zeigt als Allegorie des Missionswerks der Jesuiten den Ordensgründer im Zentrum, der von der heiligen Dreifaltigkeit die Gnadenstrahlen empfängt und diese an die vier Erdteile weiterleitet. Die Personifikationen der Erdteile sind an den Längsseiten gleichsam im Erdhorizont angesiedelt und vermitteln zwischen dem realen Architekturraum des Kirchenschiffs und der mit malerischen Mitteln fingierten Scheinarchitektur, einer zu den Seiten und nach oben geöffneten Säulenhalle. Die Personifikationen haben sich ihrer häretischen Widersacher, die unter ihnen kauern, bereits entledigt, und in den Ecken führen Missionare die Scharen der Konvertierten in die Sphäre der Seligen.

Die berechnenden Mittel einer rigoros auf den Punkt gebrachten Perspektivkonstruktion zeigen sich sowohl in der Scheinarchitektur als auch in der virtuosen Verkürzung der Bildfiguren. Sie stehen ganz im Dienst der Zusammenführung des dreidimensionalen konkreten Raums und des dreidimensional fingierten Raums zu einem einzigen, vom Betrachter erlebten Wirklichkeitsraum. In der visuellen Vereinnahmung des Betrachters scheint auch der Missionsgedanke eine Entsprechung zu finden. Gleichzeitig sieht sich der Betrachter durch die Entgrenzung von Real- und Bildraum dazu heraus gefordert, sich die Weite des Erdkreises imaginär zu vergegenwärtigen.

VII. Bildwelten des Wissens

Wissensspeicher

Die Bibliothek etablierte sich im Verlauf des Barock als eine monumentale Bauaufgabe. In der Architektur und im Mobiliar spiegeln sich auch die Veränderungen in der Wissenskultur der Zeit. Einen Meilenstein in der Entwicklung bedeutete die Errichtung der Biblioteca Ambrosiana in Mailand. Im Jahr 1609 fertiggestellt, zeichnet sich der Bau durch ein neues äußeres und inneres Erscheinungsbild sowie durch Funktionsabläufe aus, die erst im 19. Jahrhundert von den modernen Magazinbibliotheken abgelöst wurden. Auch wenn es freistehende Bibliotheksbauten schon früher vereinzelt gegeben hatte, beeindruckt das Gebäude durch seine robust gegliederte, kompakte Baumasse. Die bis dahin übliche, von den Galerien übernommene Längserstreckung wurde zugunsten der Höhenausdehnung zurückgenommen. Anstelle der Buchaufbewahrung in den Lesepulten waren die Bücher in Freihandaufstellung zugänglich.

Dies war zwar schon in der wenige Jahre zuvor vollendeten Klosterbibliothek des Escorial der Fall, doch handelte es sich dort noch um einen ausgesprochenen Schauraum mit Deckenfresken und monumentalen Holzschränken. In Mailand verleihen das durch Stuckleisten einfach gegliederte Tonnengewölbe und die schlichten Regalwände mit den schmalen Emporen dem Raum den Charakter eines Arbeitsplatzes.

Damit war ein Grundtypus festgelegt, der sich in der Folgezeit durchsetzte und als solcher vielfältige Variationen erfuhr. Allein im deutschsprachigen Raum wurden bis zum ausgehenden 18. Jahrhundert weit über zweihundert Klosterbibliotheken neu errichtet oder grundlegend umgebaut. Diesen Treffpunkten der Gelehrtenwelt standen die weltlichen Bibliotheken zur Seite. Als eine solche wurde auf dem Gelände der Universität Oxford bis 1749 die Radcliffe Camera erbaut. Der Entwurf stammt von James Gibbs, einem Mitarbeiter von Christopher Wren, der seinerseits für die Universität Cambridge bereits eine Bibliothek als Zentralbau geplant hatte. Die Radcliffe Camera, die außen die Form einer Kuppel über einem aufgesockelten Zylinder besitzt, birgt im Inneren einen weiten, großzügig beleuchteten Lesesaal mit einem Arkadenumgang. Zwischen die Pfeiler ist eine breite Empore gespannt, von der aus die Bücher in den oberen Wandregalen zugänglich sind. Auch in der Hofbibliothek von Wolfenbüttel, an der Gotthold Ephraim Lessing als Bibliothekar tätig war, wurde der Gedanke des selbständigen Zentralbaus aufgenommen (Abb. 38). Die 1710 vollendete, 1887 abgebrochene Ovalrotunde besaß ebenfalls einen zweigeschossigen Umgang.

Die Separierung der Bibliotheken durch deren Freistellung oder durch einen eigenen Zugang innerhalb von größeren Palast- und Klosterkomplexen sowie die innere Gestaltung als Studierräume macht auf einige grundlegende Veränderungen im Umgang mit Wissen aufmerksam. Die Tendenz zur funktionalen und baulichen Autonomie ist ein Indiz für die zunehmende Benutzung durch externe Gelehrte, die nicht der für die Bibliothek verantwortlichen Institution angehörten, sondern die Buchbestände während befristeter Forschungsaufenthalte nutzten. Die

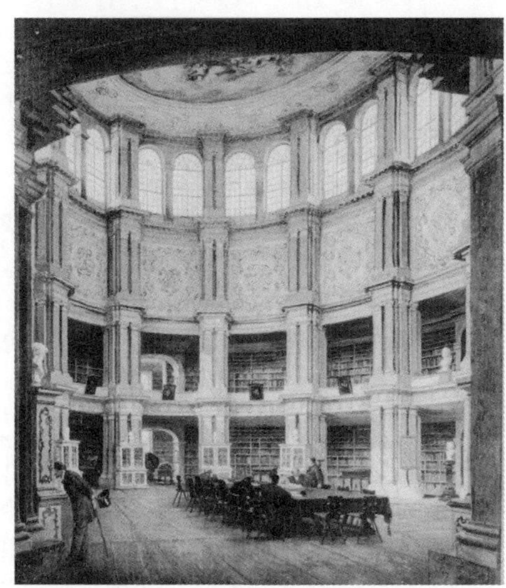

38 Herman Korb, ehem. Hofbibliothek in Wolfenbüttel, 1706–1710. Gemälde von 1888.

neue Aufstellungsweise lässt sich auf die eklatante Vergrößerung der Buchbestände zurückführen. Die Buchproduktion hatte damals der Handschrift für alle Zeiten den Rang abgelaufen. Man hat geschätzt, dass zwischen dem 16. und dem 18. Jahrhundert die Gesamtzahl der neuen Buchtitel von etwa 150 000 auf etwa 350 000 zunahm, wobei auch die Auflagenhöhe rasant stieg.

Parallel zur Entwicklung der Bibliothek als eigenständiger Bauaufgabe erlebte im 17. Jahrhundert auch die Kunst- und Wunderkammer als eine spezielle Frühform des Museums ihre Blüte. Zu diesen geistlichen und fürstlichen Sammlungsorten mit ihrem riesigen, multimedialen Kosmos von Studienobjekten, in dem die wunderlichen Hervorbringungen der Natur (*naturalia*) und die kunstvoll hergestellten Artefakte der naturwissenschaftlichen und musikalischen Instrumente, der Bilder und Bücher (*artificialia*) zu einer universellen Sammlung zusammengeführt waren, stellte die Aufbewahrung von Büchern in eigens dafür reservierten Räumen ein alternatives Konzept der Organisation von Wissen dar. Doch sowohl bei den Kunst- und Wunderkammern als auch bei den Bibliotheken blieben Schauen und Lesen immer aufeinander bezogen. Diese durchaus spannungsvolle Wechselbeziehung zeigt sich beispielhaft bei einem Wissensfeld wie der Kenntnis der Geschichte.

Die Sichtbarkeit der Vergangenheit

Die Erkenntnis über die Vergangenheit und das Verständnis der Gegenwart beruhten auf Schriftquellen (*verba*) und dinglichen Relikten (*monumenta*). Diese Einsicht gehörte zum Grundkonsens barocker Geschichtsschreibung. Der Terminus der «Illustration» (*illustrazione*) war für sie keineswegs auf das mehr oder minder schmückende Beiwerk von Bildern bezogen, sondern auf die gemeinsame Fähigkeit von Texten und Bildern zur «Beleuchtung» eines Sachverhalts. Diese Überzeugung, dass der Text neben dem Bild einen bestenfalls privilegierten, aber keineswegs ausschließlichen Zugang zur Geschichte bietet, bildete den Ausgangspunkt gelehrter Erschließungskampagnen in die Bild- und Dingwelt der Vergangenheit.

Legendären Ruf genießt das sogenannte Museo cartaceo, das «Papiermuseum» des in Rom tätigen Cassiano Dal Pozzo. Geplant war ein Bildatlas zur Sachkultur der römischen Antike. Allein vom Bildmaterial sind Dutzende großformatiger Zeichnungsbände erhalten, zu deren Anfertigung Dal Pozzo an die hundert Künstler engagierte. Vorgesehen waren die Publikation und Kommentierung des Bildkorpus, zu der es allerdings nie gekommen ist. Indem das Projekt alle Bereiche des staatlichen und religiösen Lebens dokumentieren sollte, hatte Dal Pozzo nichts weniger als eine umfassende, aus den Relikten geschöpfte antike Kulturgeschichte im Sinn.

Gegenreformatorischer Geist waltet über der Publikation der «Roma sotteranea» (1632) von Antonio Bosio. Daran zeigt sich auch beispielhaft die Relevanz der Altertumsforschung für die damalige Gegenwart. Es handelt sich um einen Grabungsbericht über die Erkundung der römischen Katakomben. Auf der Grundlage umfangreicher Quellenstudien in römischen Bibliotheken und Archiven hat Bosio die Erläuterung der Katakombenanlagen zu einer Bild- und Textdokumentation über die Lebenswelt der ersten Christen erweitert. Ein regelrechter Motivkatalog erschließt am Ende des Buches die Ikonographie der Bildausstattungen in den unterirdischen frühchristlichen Rückzugsorten und Begräbnisstätten. Bosios Werk fügt sich ein in den breiteren Kontext der historischen Rückbesinnung auf die Tradition der *Roma christiana*, die durch Forschungen im Umfeld des Vatikans gefördert wurde. In der durch die Reformation ausgelösten Rechtfertigungskrise des katholischen Heiligenkultes gewann eine quellengestützte Kirchengeschichte den Rang einer objektiven Begründungsinstanz. Während die materiellen Relikte aus den Katakomben zu Tage gefördert und die leiblichen Überreste der frühchristlichen Märtyrer als Reliquien in den Kirchen präsentiert wurden, erfuhr der Märtyrerkult auch in unzähligen Gemälden und Statuen eine Wiederbelebung.

Die Altertumsforschung hat bis ins 18. Jahrhundert riesige historische Kontinente der Vergangenheit erschlossen und dabei in umfassender Weise auf Bilder als Vermittler von Geschichte gesetzt. Den Tafelwerken zur antiken Baukunst wie den «Edifices de Rome» (1682) von Antoine Desgodets mit ihren akribischen Bauaufnahmen oder der von Bernard de Montfaucon erarbeiteten vielbändigen Enzyklopädie der «Antiquité expliquée et représentée en figures» (1719–1724) traten die Publikationen zum Mittelalter zur Seite. In den «Monuments de la monarchie française» von Bernard de Montfaucon (1729–1733) und anderen Illustrationswerken wurden die Schätze mittelalterlicher Buch- und Freskomalerei und die monumentalen Skulpturenzyklen anschaulich erfasst und reproduziert. Erst die Barockzeit machte sich ein Bild vom Mittelalter.

Bildmedien der Zeitgeschichte

Die Altertumsforschung des Barockzeitalters sollte in die Gegenwart hinein wirken. In der gelehrten Auseinandersetzung mit der Vergangenheit leisteten die barocke Hofgesellschaft und die Konfessionskirchen zugleich ihre Selbsterforschung und ihre Selbstbegründung. Solche Zielsetzungen waren von den sachlich-kritischen Absichten der Vergangenheitserkundung nicht zu trennen. Ein analoges Spannungsverhältnis gilt für die Vermittlung von Zeitgeschichte über das Bild, die sich in einer Fülle unterschiedlicher Medien entfaltete. Keines dieser Medien war für sich genommen neu, doch sie kamen nun in einer beträchtlichen quantitativen und qualitativen Steigerung zum Einsatz.

Die Expansion der Bildmedien erfasste zunächst den Markt der Flugblätter, die nicht mehr allein als billigere Holzschnitte, sondern auch als teurere, detailgenauere Kupferstiche hergestellt wurden. Die vielen Kriege auf den verschiedenen europäischen Schauplätzen boten mehr als genug Anlässe für eine visuelle Berichterstattung, bei der militärische Stellungen und Truppenbewegungen in die kartographische Aufnahme des Geländes projiziert wurden. Für den Betrachter solcher als Einblattdrucke vervielfältigter Zeitbilder, die seit dem 17. Jahrhundert periodisch erschienen und wie Zeitschriften in Jahrgängen gesammelt wurden, verbanden sich Ereigniserzählung mit topographischer Landeskunde.

Im Vergleich zu solchen auflagenstarken Massenmedien waren Schaumünzen und Medaillen exklusivere, vor allem für die Zirkulation an den Höfen bestimmte Informationsträger. Die Tatsache, dass der frühneuzeitliche Staat und dessen Politik mit der Fürstendynastie identifiziert wurden, spiegelt sich unmittelbar in der Bildform und im Themenspektrum der Medaillen wider. Das Fürstenbildnis auf der Vorderseite wurde auf der Rückseite durch die Darstellung eines zeitgeschichtlichen Ereignisses aktualisiert. Dabei konnte es sich um Maßnahmen der Innenpolitik handeln, zu denen auch die Errichtung von öffentlichen Gebäuden oder dynastische Festanlässe wie Thronfolgergeburten und Hochzeiten zählten, oder um außenpolitische Vorgänge wie Schlachtenerfolge und Friedensschlüsse. Eine vermutlich in der Reichsstadt Nürnberg publizierte Medaille erinnert an die Beendigung des Spanischen Erbfolgekrieges im 1714 geschlossenen Friedens von Rastatt (Abb. 39). Die ehemaligen Kriegsgegner Österreich und Frankreich, deren Monarchen Karl VI. und Ludwig XIV. auf der Vorderseite in Profilbildnissen und auf der Rückseite durch Jupiter und Apoll repräsentiert

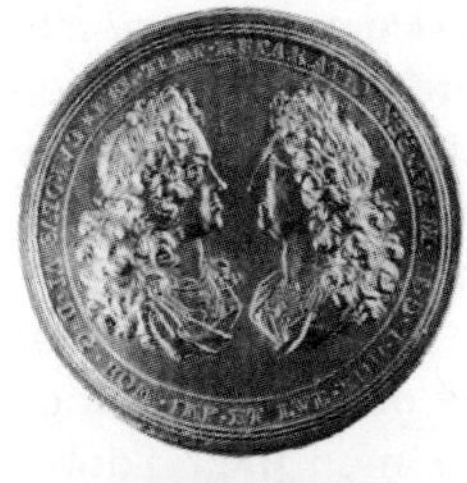

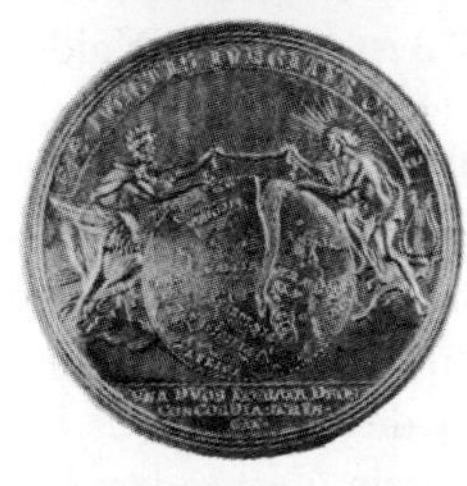

39 Medaille zum Frieden von Rastatt zwischen Österreich und Frankreich nach dem Spanischen Erbfolgekrieg, 1714.

werden, sind durch die Friedensbande vereint und haben so die Spaltung der Welt überwunden.

Es konnte nicht ausbleiben, dass die Bildpublizistik nicht nur ein konflikthaftes Zeitgeschehen reflektierte, sondern ihrerseits immer wieder Kontroversen provozierte. Dem ohnedies konfrontativen, am Ehrbegriff orientierten Politikstil eröffnete sich in Bildkonkurrenzen und Bilderkämpfen ein weiteres Feld des Schlagabtauschs. Diffamierende Spottbilder auf Fürsten stellten ein eigenes Genre der Medaillenkunst dar, sie waren gegenüber den üblichen Affirmationsbildern die andere Seite der Medaille. Eine englische Spottmedaille ist auf die militärische Schwäche Ludwigs XIV. gemünzt – der Sonnenkönig kann hier nur den vier Frauen, die anstelle der Pferde vor seinen Triumphwagen gespannt sind, Befehle erteilen. Solche Spottmedaillen führten immer wieder zu internationalen diplomatischen Verwicklungen und forderten zu bildlichen Gegenkampagnen heraus.

Neben Medaillen waren auch Festapparate eine ausgesprochen kompetitive Kunstform. Solche aus verschiedenen Anlässen für kurze Zeit errichteten Schaugerüste stellten die kostspieligste und aufwendigste Form der zelebrativen Politikvermittlung dar. Das barocke Rom bot für die katholischen Monarchien über Jahrzehnte hinweg die Bühne für eine Festkultur, bei der mit Argwohn über die Aussagen der Bildprogramme gewacht wurde und deren Prachtentfaltung zu stetiger Überbietung herausforderte.

Ein äußerstes Maß an Eskalation erreichte der politische Umgang mit öffentlichen Bildern im Falle von deren Instrumentalisierung als Kriegsgrund. Für einige Furore sorgte die Kriegserklärung Englands gegen die nördlichen Niederlande im Jahr 1672, die von englischer Seite unter anderem mit der Beleidigung des Monarchen durch ein Porträt und eine in den Generalstaaten geprägte Medaille begründet wurde. In der Kriegserklärung ist die Rede von «abusive Pictures and false Historical Medals». Letzteres bezog sich auf die 1667 herausgegebene Gedenkmedaille zum Frieden von Breda mit der Personifikation der Niederlande, die – so erschließen es die Inschriften – durch ihre Weisheit und Stärke die «lasterhaften Bestien» des Neides und des Ehrgeizes bezwungen habe. Am englischen Hof hielt man die «Mala Bestia» aber nicht für die Benennung für Personifikationen von Lastern, sondern für die denunziatorische Bezeichnung von König Karl II. Die Diplomatie der Generalstaaten reagierte auf die Einsprüche mit peniblen ikonographischen Erläuterungen, und am Ende erklärte sich der Statthalter zur Zerstörung des Prägestocks der Medaille bereit. Verhindert hat dieses Entgegenkommen aber den Kriegseintritt Englands nicht. Der Vorfall illustriert beispielhaft den herausgehobenen Status von Bildern, die im politischen Prozess nicht nur als Argument verwendet wurden, sondern als Akteure selbst den Gang der Entscheidungen beeinflussten. Er lässt aber auch Rückschlüsse auf die generelle Besonderheit einer mit Symbolen, Allegorien und Emblemen operierenden Bildsprache zu, die bei diesen Informationsmedien zum Einsatz kam.

Das «emblematische Zeitalter»

Als Medium, in dem Text und Bild nach strikter Systematik zusammengeführt sind, waren Embleme in der Barockkultur bis ins frühe 18. Jahrhundert allgegenwärtig. Ebenso unendlich wie der Fundus der Motive und der Kosmos der Sinngehalte waren die Anwendungsbereiche. Sie reichen von den Unikaten der Gemälde- und Freskomalerei über die Massenerzeugnisse der Bildpublizistik bis hin zur Dekoration von Alltagsgegenständen wie Bierkrügen. Die Sinnbilder wurden ihrerseits in Büchern zusammengestellt und verbreitet. Den Anfang machte das «Emblematum Liber» (1531) von Andrea Alciati, das allein 125 Auflagen erlebte; bis ins 18. Jahrhundert lassen sich etwa 1400 Titel von annähernd 600 Autoren nachweisen. Johann Gottfried Herder schrieb im Jahr 1793, zurückblickend auf die «große Menge symbolisch-emblematischer Bücher und Verzeichnisse», man könne das Zeitalter, in dem sie erschienen waren, «beinahe das emblematische nennen».

Bezeichnet ein «Emblema» ursprünglich eine figürliche Einlegearbeit in der Art einer Intarsie oder eines Mosaiks, so geben die Umschreibungen in den Emblemsammlungen als «Sinnbilder», «Gemäldepoesie» oder als «Gemäldemysterien» einen Hinweis auf die Bedeutungsstruktur des Emblems als Wort-Bild-Rätsel. In der vollständigen Ausprägung sind zwei Textelemente mit einem Bild kombiniert. Nach rhetorischen Kategorien liegt der Reiz des Emblems in der absichtsvollen *novitas, raritas* und der *obscuritas* der Erfindung. Die Herausforderung an den Betrachter besteht darin, Wort und Bild zusammenzubringen und dabei die oftmalige Polarität zwischen bildlicher Konkretion und textlicher Verallgemeinerung aufzulösen. Hinter diesem Spannungsverhältnis verbirgt sich auch die Botschaft emblematischen Denkens: dass das Einzelne auf das Exemplarische verweist, dass der scheinbar banale Gegenstand eine prinzipielle Weisheit verbürgt, dass alles Seiende ein Bedeutendes ist.

Das abgebildete Beispiel lässt im Hinblick auf die geforderte raffinierte Bildkombinatorik nichts vermissen (Abb. 40). Es stammt aus der berühmtesten Emblematik des 17. Jahrhunderts zur Lehre von der Staatsräson, der «Idea de un principe politico christiano» (1659) von Diego de Saavedra Fajardo, und versinnbildlicht die auf Wissenschaft gegründete Regierungsklugheit. Das Bild (*pictura, imago*) zeigt eine in Stellung gebrachte Kanone, die von einer aus den Wolken greifenden Hand mit einer Bleiwaage einjustiert wird. Das lateinische Motto (*inscriptio, lemma*) ist als Spruchband ins Bild einbezogen und wie meistens als eine lakonische Feststellung oder ein lapidares Postulat formuliert: «Nicht mit den Waffen allein.» Die längere, unter das Bild gestellte Texterläuterung (Epigramm, *subscriptio*) übersetzt die konkrete Aussage von Bild und Motto in eine allgemein ver-

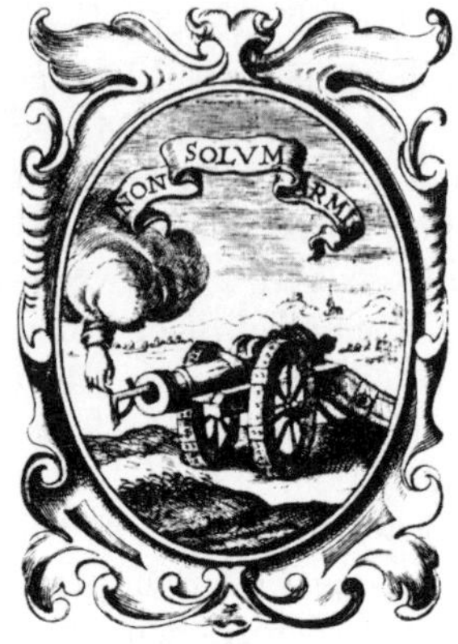

40 Diego de Saavedra Fajardo, Emblem auf die Macht, aus *Idea de un principe politico christiano*, 1640.

bindliche Lebensweisheit oder Verhaltensregel, die über das Militärische hinaus in die Sphäre der Staatsklugheit reicht: Die Bleiwaage als Messinstrument sei nicht nur notwendig für den Gebrauch des Kriegsgeräts, sondern, als Symbol von Recht und Gerechtigkeit, auch ein Machtmittel des Staates, ein «Rüstzeug, so zum Regieren gehört».

Der radikalen Gleichsetzung von Wort und Bild im Emblem entspricht eine aus heutiger Sicht nicht mehr leicht nachvollziehbare Gleichung zwischen den abgebildeten Gegenständen und den ihnen auferlegten Bedeutungen. Die Interpretation der Gegenstände ist nicht akzidentiell, sondern liegt essentiell in diesen selbst beschlossen. Die Deutung des Emblembildes ist als das Auffinden eines vorgegebenen, unauswechselbaren Sinngehalts zu verstehen; insofern macht das Emblem auch eine Aussage über die empirische Wirklichkeit. Der Nürnberger Barockdichter Georg Philipp Harsdörffer hat zur Erklärung dieses Sachverhalts das Emblem mit dem Menschen verglichen, indem er die Bedeutung als die «Seele des Sinnbildes» und das anschauliche Emblembild als den «Leib» bezeichnete. So wie die Seele ohne die körperliche Substanz nicht erfahrbar wäre, so bedarf der Sinn der sinnlich-anschaulichen Evidenz. In dieser von Harsdöffer für das Emblem gewählten anthropologischen Metapher steckt eine nachdrückliche Autorisierung des Bildes.

Dieser Status des Bildes begründet sich maßgeblich aus dessen Funktion als Vermittler von Wissen. Embleme vermitteln Wissen über Natur- und Kulturwelten sowie über moralische und religiöse Belange. Dabei ist Wissensvermittlung als Darstellungsabsicht keineswegs auf die in diesem Kapitel angesprochenen, meist seriell verfertigten Bilder beschränkt, sondern ist auch für das Kunstbild in Anschlag zu bringen. In der einen oder anderen Form rekurrierten alle Gattungen auf Konventions- oder Traditionswissen, das für den Betrachter als Orientierungswissen, an dem er seine Handlungen ausrichten konnte, produktiv werden sollte. Auch das Bedeutungssystem der frühneuzeitlichen Architektur beruhte, so ließe sich hinzufügen, auf unterschiedlichen Wissensbeständen, die bei Betrachter und Benutzer gleichermaßen vorausgesetzt wurden. Damit appellierten Bild- und Baukünste an das intellektuelle, durch eine rationale Begrifflichkeit strukturierte Vermögen des Betrachters.

Mit der Abkehr von dieser barocken Bildauffassung zugunsten eines sich im 18. Jahrhundert anbahnenden aufklärerischen Kunstverständnisses wurde die Kunst aus dem vom Begriff her begründeten Funktionszusammenhang entlassen und dem «Geschmack» überantwortet. Wissen fiel immer mehr in den Zuständigkeitsbereich der Wissenschaft und nicht mehr in den der Kunst. Es erscheint nur folgerichtig, wenn im Zuge dieses Wandels auch das Emblem verabschiedet wurde. Im Zedlerschen «Universallexikon» kann im Jahr 1734 das Stichwort «Emblem» denkbar kurz ausfallen, denn für den Autor ist die Bedeutung dieser Form des Sinnbilds nicht mehr mitteilenswert. Mitten im Rokoko gilt es ihm wie eine Rocaille als ein Ornament des Kunstgewerbes: «Emblema heißt Zierrath, so man Spiegel, Becher etc. machet, und die man nach Gefallen wegnehmen kann.»

VIII. Rokoko und Aufklärung

Ein Gründungsdatum des Rokoko

Antoine Watteau war der Maler des gespielten Lebens. Der Dachdeckersohn aus Flandern ging als Sechzehnjähriger nach Paris und dort in die Lehre bei Claude Gillot, der sich darauf spezialisiert hatte, Bühnenszenen der italienischen Commedia dell'arte nachzumalen. Watteau blieb Zeit seines kurzen Lebens dem Milieu der Komödianten, Schauspieler und Musiker treu.

Der Umweg über das Theater war vielleicht notwendig, um Bilder malen zu können, in denen die Figuren wie Schauspieler ihre eigene Wirklichkeit spielen und in denen der Maler die Vorbilder der Kunsttradition, auf die er zurückgreift, wie Stücke aus einem Repertoire in seinen eigenen Gemälden zur Aufführung bringt. Anders als bei den bereits angesprochenen früheren Bildern des Barock, in denen die Malerei thematisiert wurde, ging es Watteau nicht mehr um die anschauliche Umsetzung von kunsttheoretischen Glaubenssätzen, sondern um ein neues Verhältnis zwischen alter und moderner Kunst.

Eine Malerei, die vordringlich ihren eigenen Kunstcharakter ausstellt, machte auch die etablierte, primär aus der gesellschaftlichen Funktion der Kunst begründete Hierarchie der Bildgattungen fragwürdig. Dies zeigt sich an der Geschichte des «galanten Festes». Watteau wurde die Erfindung der *fête galante* als neuer Bildgattung attestiert, als er sich mit einem Probestück um die Aufnahme an der Pariser Kunstakademie bewarb. Nach vielen Ermahnungen lieferte er endlich ein Gemälde, das in den Sparten der etablierten Gattungen von Landschafts-, Genre- und Historienbild nicht mehr unterzubringen war (Abb. 34, S. 95). Es handelte sich um eine Version jener berühmten «Einschiffung des Pilgerzuges auf die Liebesinsel Kythera» und zeigt einen träumerischen Reigen von Liebespaaren, die sich zu dem am Strand liegenden Fährboot aufmachen. Das Bild oszilliert eigentümlich zwischen mythologischem Sujet, genrehaftem Rollenspiel und kulissenhafter Ideallandschaft. Die Liebesgöttin Venus, die der Identifizierung des Bildthemas dient, ist nicht mehr als aktive Protagonistin gegenwärtig, sondern im Medium ihrer Darstellung als Parkstatue am rechten Bildrand. Die Handlung der Bildfiguren bleibt unbestimmt. Ein einziges Paar scheint in mehrfacher Wiederholung der Choreographie des Malers zu folgen. Um zu zeigen, dass es ihm nicht um die Darstellung einer zielgerichteten Handlung ging, lässt Watteau den unbändigen Aktionismus des muskulösen Fährmanns ins Leere laufen. Schließlich bleibt auch das Ziel der Fahrt, die mythische Liebesinsel, hinter dem bühnenhaften Waldstück des Vordergrunds verborgen.

Watteau bringt in seinem Gemälde offenbar zwei denkbar unterschiedliche barocke Vorbilder zur Aufführung. In Rubens' «Liebesgarten» konnte er ein verwandtes Bildsujet vorfinden. In Jan Steens «Abfahrt vom Wirtshaus», einer derben, emblematisch angelegten Lasterszene, scheint die gesamte Komposition von Watteaus Bild vorweggenommen. Die Preisrichter der Pariser Kunstakademie sahen ein, dass Watteaus Gemälde nicht mehr unter einer der üblichen Gattungen zu rubrizieren war, und trugen es im Sitzungsprotokoll kurzerhand unter der ad hoc festgelegten Gattungsbezeichnung *fête galante* ein. Durch diese gewissermaßen amtliche Anerkennung künstlerischer Freiheit wurde der 22. August 1717, an dem die Akademiesitzung stattfand, zu einem Gründungsdatum des Rokoko.

Style rocaille

Der Rokokostil ist eine französische Erfindung und seine Verbreitung ein Produkt der französischen Kulturdominanz in den Jahrzehnten nach 1700. Deren Gründe wurden schon von der aufklärerischen Kulturgeschichte benannt. Voltaire hatte 1751 das «Siècle de Louis XIV» ausgerufen und in seinem gleichnamigen Werk Gesellschaft und Kultur der Regierungszeit des Sonnenkönigs beschrieben. Spätere Autoren sahen in den dynastischen Heiratsverbindungen, im diplomatischen Verkehr, im Handelsaustausch und sogar in den militärischen Kampagnen Frankreichs die Kräfte, durch die sich die *grandeur* französischer Kunst und Kultur bei den europäischen Nachbarn verbreitet habe. Paris hatte Rom als Kunstzentrum abgelöst, die Künstler und Architekten reisten zur Ausbildung an die Seine, und die Reisepublizistik stellte sich mit ihrem Angebot darauf ein.

Rocaille bezeichnete schon im 16. Jahrhundert die Muschel- oder Steineinlagen in Grotten, bevor der spezielle Ornamenttyp einer künstlich hergestellten, asymmetrisch gebildeten Muschelform 1736 erstmals so genannt wurde. Der *style rocaille* leitet sich daraus ab. Der analog zum «Barock» gebildete Epochenname «Rokoko» teilt mit jenem die ursprüngliche Verwendung als Schimpfwort. Stendhal tituliert 1828 Bernini als den Vater

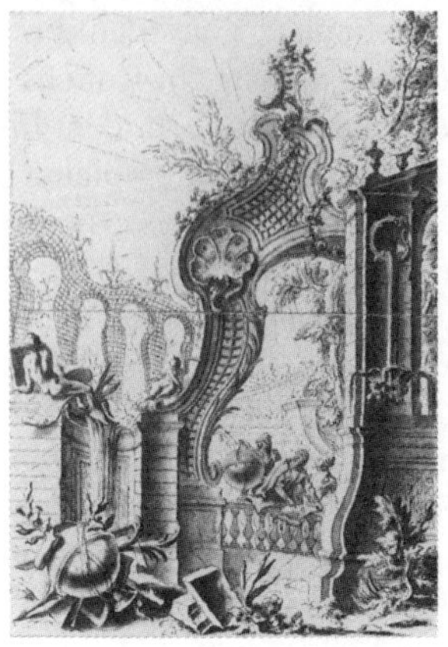

41 François Cuvilliés, Architekturcapriccio mit Astrologen, nach 1738. Augsburg, Städtische Kunstsammlungen.

dieses «schlechten Geschmacks». Als Stil kann das Rokoko für die Zeit zwischen etwa 1710 und 1760 kein Monopol beanspruchen. Ausgehend vom Zentrum Paris setzten sich die Forminnovationen des Rokoko vor allem im deutschsprachigen Bereich durch, während der Süden und der Norden Europas kaum daran partizipierten. Das Rokoko reiht sich in jenen Jahrzehnten in den Stilpluralismus von Spätbarock, Klassizismus und Tendenzen des beginnenden Mittelalterhistorismus ein. Es tritt zu ihnen als entschieden antiklassischer, ja sogar absichtsvoll traditionsloser Stil in Gegensatz.

Der Ornamentstil des Rokoko mit dem Leitmotiv der Rocaille kommt außerdem fast ausschließlich in Innenräumen zur Entfaltung. Die Rocaille leistet dort als frei modellierbares Flächen- und Rahmenornament einer die Raumgrenzen verschleifenden Integration von Architektur, Malerei und Stuck Vorschub (Abb. 35, S. 96). Mit den Formauflösungen der Innendekoration korrespondiert aber selten die Außenarchitektur von Sakral- und Profanbauten, die weiterhin einem klassischen System verpflichtet bleibt. Dem entspricht eine generelle Bevorzugung von informellen, primär zur privaten, bisweilen intimen Nutzung vorgesehenen Kunstwerken. Porzellan- oder Marmorstatuetten und galante Bildsujets in der Malerei entfalten ihren Reiz als Kabinettstücke erst in der Exklusivität. Der informelle Zug zeigt sich darüber hinaus am hohen Eigenrecht des Entwurfs gegenüber dem ausgeführten Werk. Der Künstlerzeichnung wurde eine ausgesprochene Wertschätzung entgegengebracht, sie galt – jenseits ihrer Rolle als Dokument der Werkentstehung – als Medium, das Aufschluss über den individuellen Einfallsreichtum des Künstlers gab.

Einblick zu geben in das Laboratorium der Phantasie ist auch der Sinn der populärsten Bildform des Rokoko, der gänzlich in die Imagination des Irrealen entlassenen ländlichen Figurenszenen, die mit dem Sammelnamen Ornamentstich nur recht unzulänglich bezeichnet sind. Das «Livre d'Ornemens et Dessins» (1734) von Juste-Aurèle Meissonnier bildet den Prototyp einer solchen Stichsammlung von Phantasiearchitekturen mit Figurenszenen und allen erdenklichen Formen von Ornamenten.

Ornamentstiche wurden auch von dem als «Vater des bayerischen Rokoko» bezeichneten Architekten François Cuvilliés angefertigt. Cuvilliés' Werdegang könnte von den Apologeten der französischen Kulturdominanz erfunden worden sein. Sein späterer Auftraggeber, der bayerische Kurfürst Max Emanuel, engagierte ihn als Kammerzwerg während seines politischen Exils in Frankreich, mit dem er in einer Militärallianz verbunden war; wieder zurück in München schickte er Cuvilliés zur Architektenausbildung nach Paris. Die Stichvorlage von François Cuvilliés stellt ein von Figuren belebtes Architekturcapriccio dar (Abb. 41). Mit jeder der drei kulissenhaft nach hinten gestaffelten Arkaden ist der Gedanke an bauliche Ausführung in immer weitere Ferne gerückt. Der vordere Bogen ist zwar tektonisch noch intakt, aber bereits mit einem Wasserspiel ausgestattet, bei dem unerfindlich ist, ob es als plastische Verzierung oder real gedacht ist. Hinter dem ersten Bogen schwingt sich auf einer Volutenspange eine Rocaille auf, hinter der die Sonne erstrahlt. Der Bogen bleibt Fragment, und auch die räumlichen Verhältnisse wollte der Zeichner nicht genauer klären. Drei Astronomen haben sich eingefunden, wobei die Komik der Szene darin liegt, dass sich die Sterngucker am helllichten Tag um Erkenntnis bemühen. Im Hintergrund tänzelt völlig unbekümmert um jede Statik und Logik ein Aquädukt durch den Park, während nach rechts eine Treppe in den Himmel führt.

Die phantastische Erfindung des *genre pittoresque* ist ein höchst raffiniertes Spiel mit Realitätsebenen, indem sie die zeitlichen und räumlichen Kontinuitäten außer Kraft setzt. Architektur hat den Status ihrer Vollendung eingebüßt, wobei nicht ganz klar ist, ob das Fragmentarische aus dem noch Unfertigen oder schon aus dem Verfall resultiert. Gleichzeitig ist sie von den Möglichkeiten ihrer Realisierung losgelöst, zum abgebildeten Kunstgegenstand umgedeutet und in das Bild transponiert. Eine solche Grenzüberschreitung zwischen den Gattungen hat auch Folgen für die gebaute Architektur des Rokoko. In den «Gesamtkunstwerken» kommt es nicht nur zu grandiosen Verschmelzungen von Architektur, Malerei und Ornament. In ihnen exponieren sich auch die Künste in all ihren Möglichkeiten als Bilder. Dieser Effekt prägt auch die Spiegelkabinette, wo die Realräume in gerahmte Bilder projiziert werden. Das barocke Prinzip der Erweiterung des Realraums in den Illusionsraum wird im Rokoko um eine neue Dimension, nämlich um die Selbstdarstellung der Kunst erweitert. Aus der barocken, mit Mitteln der Kunst erzeugten Illusion wurde die Fiktionalisierung der Kunst selbst.

Das Ende des Barock: Revision und Musealisierung

Die Kritik am vorgängigen und vorherrschenden Stil des Barock und Rokoko war spätestens um die Mitte des 18. Jahrhunderts unüberhörbar; sie erfolgte nun vehement und auf breiter Front. Von der geschmacklich motivierten Ablehnung reichte sie über das behördliche Verbot des «Zopfstils» bis zur radikalen Revision der kunsttheoretischen Grundlagen. Der abschätzig betrachtete aktuelle Stil firmierte wegen der in der Reichsstadt verlegten ornamentalen Vorlageblätter unter dem Schmähwort des «Augsburger Geschmacks». Johann Joachim Winckelmann wetterte in einem Brief 1758 gegen die «Augsburger Fratzenmaler», ein anderer Zeitgenosse sprach vom «kleinlichen, überladenen, gezierten – kurz, dem schlechten Geschmack – dem Augsburger Geschmack». Johann Esaias Nilson, der über Jahrzehnte hinweg als Entwerfer und Verleger der nun inkriminierten Ornamentstiche hervorgetreten war, leistete um 1770 in einem Ornamentstich persönliche Abbitte, indem er sich neben einer klassizistischen Vase postierte und ein Blatt mit der Aufschrift «Muschelwerk» zerriss. Später legte der junge klassizistische Landschaftsmaler Joseph Anton Koch ein ähnliches Bekenntnis

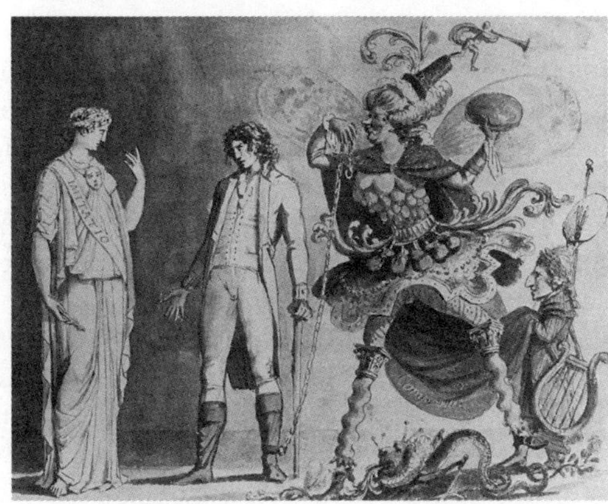

42 Joseph Anton Koch, *Der Maler als Herkules am Scheideweg zwischen Barock und Klassik*, 1791. Ehemals Stuttgart, Staatsgalerie.

ab (Abb. 42). Er hört zwar schon die Stimme der klassischen Muse, doch noch fällt ihm der vorherrschende barocke Kunstgeschmack als eine aus wunderlichem Zierrat zusammenmontierte Monstrosität in den Rücken.

Es folgten verschiedentlich auch bürokratische Interventionen gegen den spätbarocken Ausstattungsstil. In dem viel zitierten bayerischen Generalmandat vom 4. Oktober 1770 soll gegen die vorherrschende «willkürliche Anordnung» bei Landkirchen der Regelmäßigkeit der Disposition «nach dem Beyspiele von Italien» zur Durchsetzung verholfen werden. Weiter wird verfügt, «daß mit Beybehaltung einer reinen und regelmäßigen Architektur alle überflüssige Stukkador- und andere öfters ungereimte und lächerliche Zierrathen abgeschnitten, an den Altären, Kanzeln und Bildnissen eine der Verehrung des Heiligthums angemessene edle Simplicität angebracht werde». Ein ähnlicher Erlass des spanischen Königs richtete sich 1777 gegen den überladenen Dekorationsstil des vom Architekten- und Bildhauerclan der Churriguera abgeleiteten «Churriguerismus».

Schon vor der Französischen Revolution kam es in katholischen Staaten zu Obrigkeitsbeschlüssen, die die Demolierung von privaten Kapellen und von Kleindenkmälern vorsahen, wobei das Abbruchmaterial für die Errichtung von Kranken- und

Armenhäusern verwendet werden sollte. Der katholische Aufklärer Johann Adam von Ickstatt erkannte in der Prachtentfaltung der Kirchen ein Indiz für eine verschwenderische Ausgabenmoral, durch die die katholischen Länder gegenüber den protestantischen ins Hintertreffen geraten seien. Bei der Kritik am Barock durchdrangen sich aufklärerischer Antiklerikalismus, Säkularisationsgeist und ein volkswirtschaftlicher Sparsamkeitssinn mit einem gewandelten Geschmacksideal, für das die Kunstpublizistik der Zeit die Begriffe lieferte.

In der Kunsttheorie wurde die barocke Kunstauffassung am zentralen Punkt des Verhältnisses von Bild und Begriff infrage gestellt. Schon im Jahr 1732 malte Charles Antoine Coypel ein Programmbild, das eine Unabhängigkeitserklärung der Malerei von der Rhetorik darstellt (Abb. 43). Die Personifikation der Malerei verweist Thalia des Ateliers. Mit dem Malstock dirigiert sie die Muse der epischen Dichtung hinaus, die mit einigen Putten als Helfern die schweren Folianten fortträgt. Die herrische Geste gibt zu verstehen, dass die Malerei innerhalb der Künste die Vorrangstellung beansprucht und sich von der normativen Macht der dichterischen Erzählung und des Begriffs emanzipiert hat.

Winckelmanns Kritik, die er in den «Gedanken über die Nachahmung der griechischen Werke in der Malerei und Bildhauerkunst» und den Erläuterungsschriften dazu (1755–1756) formulierte, richtete sich ebenfalls gegen die Bindung des Bildes an den Text. Dieses Argument führt er gegen die Emblematik ins Feld. Die Kunst müsse mit «Einfalt und Deutlichkeit» ihre Aussage aus der anschaulichen Erscheinung und mit den ihr eigenen Mitteln entfalten. Embleme, Allegorien «und alle andern Bilder, welche die Schrift zur Erklärung nötig haben, sind vom niedrigen Range in ihrer Art».

Insgesamt zeichnet sich als Grundtendenz in der Ästhetik des 18. Jahrhunderts eine Subjektivierung des Bezuges zwischen Bild und Betrachter ab. Schon Alexander Gottlieb Baumgarten hatte in seiner «Ästhetica» (1750–1758) konstatiert, dass «die Kräfte des Verstandes die sinnlichen Kräfte völlig vernichtet und ausgelöscht haben». Die «Sinnenwahrnehmung» von Kunst ist dann

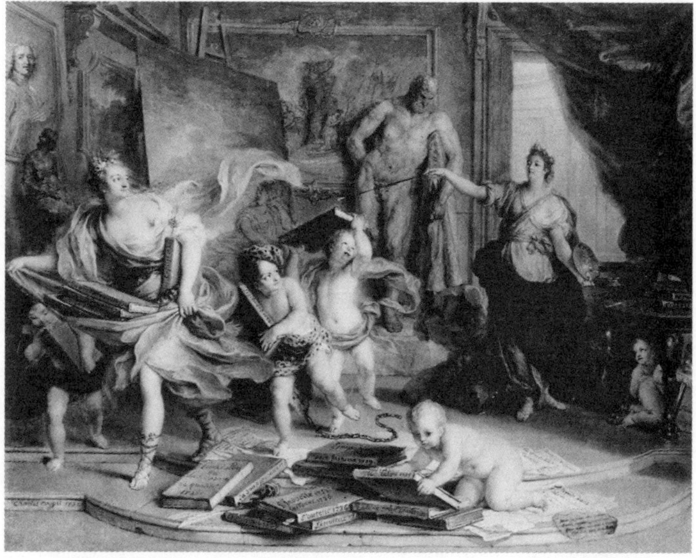

43 Charles-Antoine Coypel, *Die Malerei vertreibt Thalia aus dem Atelier*, Gemälde, 1732. Privatsammlung.

in den Bildbeschreibungen Winckelmanns erkennbar, die den Anspruch sprachlich äquivalenter Nachschöpfungen visueller Formgegebenheiten haben. Immanuel Kant verlangt in der «Kritik der ästhetischen Urteilskraft» (1790), dem ästhetischen Urteil solle die Rechenschaft über den eigenen Gemütszustand vorausgehen. Das ästhetische Objekt wird vom Zusammenhang seines «äußeren Nutzens» und seiner «Zweckmäßigkeit» distanziert und für die «bloße Betrachtung» erkoren. Der «Geschmack» beruht nicht mehr auf dem «Begriff» und richtet sich auf eine «Schönheit, die doch eigentlich bloß die Form betreffen» soll. Damit sind Elemente einer ästhetischen Haltung bezeichnet, bei der sich die Skepsis gegenüber der im Bild aufgehobenen, an den Begriff gebundenen Mitteilung nachdrücklich zu Wort meldet.

Komplementär zu diesen kritischen Revisionen des Barock vollzog sich die Historisierung der Barockkunst durch die Museen. Nicht erst nach der Französischen Revolution, sondern schon seit Beginn des 18. Jahrhunderts wurden neben den Kunst- und Wunderkammern öffentlich zugängliche, in den Residenzkomplexen funktional und baulich separierte Museen, die in ihren Sammlungen hauptsächlich seit dem 16. Jahrhundert entstandene Kunstwerke verwahrten, in eindrucksvoller Zahl eröffnet. Erinnert sei nur an die fürstlichen Sammlungen im Pariser Palais du Luxembourg (1751), in der Bildergalerie in Potsdam-Sanssouci (1755), im Fridericianum in Kassel (1779) oder in der Hofgartengalerie in München (1783). In der im Oberen Belvedere in Wien ausgestellten «K. K. Bilder-Gallerie» (1776) wurde die traditionelle Galeriehängung mit ihrer symmetrischen, wandfüllend dekorativen Anordnung der Bilder nach Formaten und Themen durch das historische Konzept der Hängung nach der Chronologie und nach der stilistischen Zugehörigkeit der Gemälde zu regionalen Malerschulen ersetzt. Die Voraussetzungen für eine solche Sammlungssystematik lagen in den im 17. Jahrhundert unternommenen historischen Ordnungsleistungen der frühen Kunstgeschichte.

Die Fundamente für die Musealisierung der Barockkunst und für die Freigabe und Überstellung der Kunst an die ästhetische Eigenerfahrung waren schon im Barockzeitalter selbst gelegt worden. Beide setzten die theoretische und historische Selbstthematisierung der Kunst im Barock voraus. Die Bindungen durch Auftragskontexte, den Gattungskanon oder die Rhetorik haben nicht nur schöpferische Innovationen herausgefordert, sondern auch die vielfältigen Wirkungskräfte von Kunst und Architektur in der gesellschaftlichen Öffentlichkeit der Zeit befördert. Die Souveränität einer Kunst, die ihre eigenen historischen Bedingungen reflektierte, erlaubte erst den Gedanken an eine mögliche Autonomie der Kunst.

Literaturhinweise

Lexika: *Ästhetische Grundbegriffe*, hg. v. K. Barck u. a., Stuttgart 2000ff. *Enzyklopädie der Neuzeit*, hg. v. L. Jäger, Stuttgart 2005 ff. *Europe 1450 to 1789. Encyclopedia of the Early Modern World*, hg. v. J. Dewald u. a., 6 Bde., New York u. a. 2004. *The Oxford Handbook of the Baroque*, hg. v. J. D. Lyons, New York 2019. *Wörterbuch der Rhetorik*, hg. v. G. Ueding, Tübingen 1992 ff.

Einführungen und Übersichtsdarstellungen: S. Alpers, *Kunst als Beschreibung. Holländische Malerei des 17. Jahrhunderts*, Köln 1985. G. A. Bailey, *Baroque & Rococo*, London 2012. H. Beck u. a. (Hg.), *Antikenrezeption im Hochbarock*, Berlin 1989. H. Bredekamp u. a. (Hg.), *Visuelle Argumentationen. Die Mysterien der Repräsentation und die Berechenbarkeit der Welt*, München 2006. N. Bryson, *Word and Image. French Painting in the Ancien Regime*, Cambridge 1981. P. Findlen, *Possessing Nature. Museums, Collecting, and Scientific Culture in Early Modern Italy*, Berkeley 1994. F. Haskell u. N. Penny, *Taste and Antique. The Lure of Classical Sculpture 1500–1900*, New Haven, London 1998. S. Hoppe, *Was ist Barock? Architektur und Städtebau Europas 1580–1770*, Darmstadt 2003. J. Imorde u. a. (Hg.), *Barocke Inszenierung*, Emsdetten 1999. H. Lorenz (Hg.), *Barock*, München 1999 (Geschichte der bildenden Kunst in Österreich 4). J. Pope-Hennessy, *Italian High Renaissance and Baroque Sculpture*, New Haven, London ^{4}1996. S. Schweizer, *Die Erfindung der Gartenkunst. Gattungsautonomie – Diskursgeschichte – Kunstwerkanspruch*, Berlin 2013. *The Triumph of the Baroque. Architecture in Europe 1600–1750*, Ausst. Kat., Mailand 1999. M. Warnke, *Spätmittelalter und Frühe Neuzeit 1400–1750*, München 1999 (Geschichte der deutschen Kunst 2).

Die Erfindung einer Epoche: A. Bacchi (Hg.), *La riscoperta del Seicento. Il libri fondativi*, Genua 2017. N. Bätzner (Hg.), *Die Aktualität des Barock*, Zürich 2014. M. Bal, *Quoting Caravaggio. Contemporary Art, Preposterous History*, Chicago 1999. D. Brabant u. a. (Hg.), *Barock. Epoche, ästhetisches Konzept, Denkform*, Würzburg 2017. M. Csáky u. a. (Hg.), *Barock, ein Ort des Gedächtnisses. Interpretament der Moderne/Postmoderne*, Wien 2007. U. Engel, *Stil und Nation. Barockforschung und deutsche Kunstgeschichte, ca. 1830–1933*, Paderborn 2018. K. Garber (Hg.), *Europäische Barock-Rezeption*, 3 Bde., Wiesbaden 1999. H. Hills (Hg.), *Rethinking the Baroque,* Farnham 2011. *N. E. Klein, The Vatican to Vegas: A History of Special Effects*, New York, London 2004. A. Keul (Hg.), *Barock als Aufgabe*, Wiesbaden 2005. A. Leach (Hg.), *The Baroque in Architectural Culture, 1880–1980*, Farnham 2015. L. Parkinson Zamora u. a. (Hg.), *Baroque New Worlds. Representation, Transculturation, Counterconquest*, Durham 2010. V. v. Flemming (Hg.), *Barock – Moderne – Postmoderne. Ungeklärte Beziehungen*, Wiesbaden 2014. H. Wölfflin, *Renaissance und Barock. Eine Untersuchung über Wesen und Entstehung des Barockstils in Italien*, München 1888.

Die Tradition und die Anfänge: *Barocco a Roma. La meraviglia delle arti*, Ausst. Kat., Mailand 2015. F. Haskell, *Maler und Auftraggeber. Kunst und Gesellschaft im italienischen Barock*, Köln 1993. A. Karsten, *Bernini*, München 2017. T. Magnuson, *Rome in the Age of Bernini*, 2 Bde., Stockholm 1982–1985. J. Montague, *Roman*

Baroque Sculpture. The Industry of Art, London, New Haven 1989. V. Plahte Tschudi, *Baroque Antiquity. Archaeological Imagination in Early Modern Europe*, Cambridge 2017. R. Schiffmann, *Roma felix. Aspekte der städtebaulichen Gestaltung Roms unter Papst Sixtus V.*, Bern 1985. R. Wittkower, *Art and Architecture in Italy 1600–1750*, 3 Bde., New Haven, London 1999 (zuerst 1953).

Die Beredsamkeit der Künste: W. Brassat, *Das Historienbild im Zeitalter der Eloquenz. Von Raffael bis Le Brun*, Berlin 2003. P. Ganz (Hg.), *Kunst und Kunsttheorie 1400–1900*, Wiesbaden 1991. *Geschichte der klassischen Bildgattungen in Quellentexten und Kommentaren. Eine Buchreihe*, hg. v. Kunsthistorischen Institut der Freien Universität Berlin, 5 Bde., Berlin 1997–2002. C. Hecht, *Katholische Bildertheologie der frühen Neuzeit. Studien zu Traktaten von Johannes Molanus, Gabriele Paleotti und anderen Autoren*, Berlin 2012. J. Held, *Französische Kunsttheorie des 17. Jahrhunderts und der absolutistische Staat*, Berlin 2001. Th. Kirchner, *Der epische Held. Historienmalerei und Kunstpolitik im Frankreich des 17. Jahrhunderts*, München 2001. V. I. Stoichita, *Das selbstbewusste Bild. Vom Ursprung der Metamalerei*, München 1998. C. van Eyck, *Classical Rhetoric and the Visual Arts in Early Modern Europe*, Cambridge 2007. V. v. Rosen (Hg.), *Erosionen der Rhetorik? Strategien der Ambiguität in den Künsten der Frühen Neuzeit*, Wiesbaden 2012. C.-P. Warncke, *Sprechende Bilder – sichtbare Worte. Das Bildverständnis in der frühen Neuzeit*, Wiesbaden 1987.

Die Repräsentation des Staates: H. Bredekamp, *Thomas Hobbes' visuelle Strategien. Der Leviathan: Das Urbild des modernen Staates. Werkillustrationen und Portraits*, Berlin 1999. J. Brown u. J. H. Elliott, *A Palace for a King. The Buen Retiro and the Court of Philipp IV*, New Haven 1980. M. Disselkamp, *Barockheroismus. Konzeptionen ‹politischer› Größe in Literatur und Traktatistik des 17. Jahrhunderts*, Tübingen 2002. D. Erben u. a. (Hg.), *Politikstile und die Sichtbarkeit des Politischen in der Frühen Neuzeit*, Passau 2016. H. Hills (Hg.), *Architecture and the Politics of Gender in Early Modern Europe*, London 2017. F. Matsche, *Die Kunst im Dienst der Staatsidee Kaiser Karls VI. Ikonographie, Ikonologie und Programmatik des «Kaiserstils»*, 2 Bde., Berlin 1981. *Zeichen der Freiheit. Das Bild der Republik in der Kunst des 16. bis 20. Jahrhunderts*, Ausst. Kat., Bern 1991.

Künste und Konfessionen: J. Baumgarten, *Konfession, Bild und Macht. Visualisierung als katholisches Herrschafts- und Disziplinierungskonzept in Rom und im habsburgischen Schlesien (1560–1740)*, Hamburg u. a. 2004. D. Breuer (Hg.), *Religion und Religiosität im Zeitalter des Barock*, 2 Bde., Wiesbaden 1995. Ch. Hecht, *Katholische Bildertheologie im Zeitalter von Gegenreformation und Barock*, Berlin 1997. P. Herrsche, *Muße und Verschwendung. Europäische Gesellschaft und Kultur im Barockzeitalter*, Freiburg i. Br. 2006. E. Levy, *Propaganda and the Jesuit Baroque*, Berkely 2004. M. v. Engelberg, *Renovatio ecclesiae. Die «Barockisierung» mittelalterlicher Kirchen*, Petersberg 2005. C. Tadgell, *Transformations. Baroque and Rococo in the Age of Absolutism and the Church Triumphant*, London 2013.

Die Internationalität des Barock: G. A. Bailey, *Art of Colonial Latin America*, London 2005. H. E. Braun u. a. (Hg.), *The Transatlantic Hispanic Baroque. Complex Identities in the Atlantic World*, Farnham 2014. T. Brook, *Vermeer's Hat. The 17th Century and the Dawn of the Global World*, London 2008. D. Erben, *Paris und Rom. Die staatlich gelenkten Kunstbeziehungen unter Ludwig XIV.*, Berlin 2004. G. Kubler u. M. Soria, *Art and Architecture in Spain and Portugal and Their American Dominions 1500 to 1800*, Harmondsworth 1959. H. Lorenz, *Domenico Martinelli und die österreichische Barockarchitektur*, Wien 1991. K. Sabik u. a. (Hg.), *La cultura* *del barroco español e iberoamericano y su contexto europeo*, Warschau 2010. W. Schmale u. a. (Hg.), *The Language of Continent Allegories in Baroque Central Europe*, Stuttgart 2017.

Bildwelten des Wissens: G. Bickendorf, *Die Historisierung der italienischen Kunstbetrachtung im 17. und 18. Jahrhundert*, Berlin 1998. P. Burke, *Ludwig XIV. Die Inszenierung des Sonnenkönigs*, Berlin 1993. M. Fagiolo dell'Arco, *La festa barocca*, Rom 1997. I. Herklotz, *Cassiano Dal Pozzo und die Archäologie des 17. Jahrhunderts*, München 1999. *Krieg der Bilder. Druckgraphik als Medium politischer Auseinandersetzung im Europa des Absolutismus*, Ausst. Kat., Berlin 1997. H. Laufhütte (Hg.), *Künste und Natur in Diskursen der Frühen Neuzeit*, Wiesbaden 2000. B. Mahlmann-Bauer (Hg.), *Scientiae et artes. Die Vermittlung alten und neuen Wissens in Literatur, Kunst und Musik*, Wiesbaden 2004.

Rokoko und Aufklärung: H. Bauer, *Rocaille. Zur Herkunft und zum Wesen eines Ornament-Motivs*, Berlin 1962. B. Coers u. a. (Hg.), *Aufklärung und sakraler Raum. Ausstattungsdiskurse im klerikalen Milieu des 18. Jahrhunderts*, Affalterbach 2016. Th. Crow, *Painters and Public Life in Eighteenth-Century Paris*, New Haven 1985. P. Hazard, *La Crise de la conscience européenne 1680–1715*, Paris 1995. S. Heudecker u. a. (Hg.), *Kulturelle Orientierungen um 1700. Traditionen, Programme, konzeptionelle Vielfalt*, Tübingen 2004. M. Hyde u. a. (Hg.), *Rococo Echo. Art, History and Historiography from Cochin to Coppola*, Oxford 2014. *Penser le rococo* (Zeitschrift für Kunstgeschichte 80, H. 4, 2017). B. Savoy (Hg.), *Tempel der Kunst. Die Geburt des öffentlichen Museums in Deutschland 1701–1815*, Mainz 2006.

Personenregister

Kursive Seitenzahlen verweisen auf Abbildungen.